LANGUE FRANÇAISE 154, juin 2007 : *Les marqueurs discursifs.*

La composition de ce numéro a été confiée à
Gaétane Dostie *et* **Claus D. Pusch**.

SOMMAIRE

Gaétane Dostie
Catifq, Université de Sherbrooke, Québec, Canada
Claus D. Pusch
Albert-Ludwigs-Universität, Freiburg im Breisgau, Allemagne

Présentation
Les marqueurs discursifs.
Sens et variation

I. LE DOMAINE

Qu'on les appelle *marqueurs discursifs, marqueurs pragmatiques, mots du discours, particules (discursives, énonciatives)* ou *connecteurs*, les petits mots de la langue parlée comme *ben*, *là* et *OK* font partie, depuis un quart de siècle, des grands rendez-vous linguistiques. Quel congrès d'importance n'inclura pas, dans son programme, des communications sur le sujet ? Quelle revue, de linguistique générale ou de pragmatique, ne publiera pas régulièrement un article sur ce thème ? Depuis la parution des travaux classiques de O. Ducrot *et al.* (1980), de E. Roulet *et al.* (1985) et de D. Schiffrin (1987), on ne compte plus les monographies et les ouvrages collectifs consacrés à ce sujet. Cette somme de données et d'analyses accumulées avec le temps aura quelque chose de trompeur si elle laisse croire que le sujet est clos.

On attirera l'attention, pour commencer, sur la lente évolution du domaine. Cela ressort clairement lorsqu'on se risque à expliciter ce qu'on entend par le terme, retenu ici, de *marqueur discursif* (MD) et qu'on tente de déterminer si tel ou tel mot appartient bel et bien à cette catégorie. Parmi les questions litigieuses, mentionnons les suivantes : un MD doit-il forcément être court (voire monosyllabique), comme on l'a parfois suggéré ? Doit-il indiscutablement établir une connexion entre des éléments sémantiques et/ou contextuels ? Les interjections forment-elles une classe distincte des MD ? Les réponses à ces questions ne sont pas sans conséquence pour l'analyse des données et nous retiendrons, en première instance, les caractéristiques habituellement considérées comme nécessaires pour qu'on puisse parler de MD. Elles sont interreliées.

– Les MD appartiennent aux classes mineures et ils sont morphologiquement invariables.

– Ils ne contribuent pas au contenu propositionnel des énoncés et c'est pourquoi leur présence ou leur absence ne modifie pas la valeur de vérité des énoncés auxquels ils sont joints.

– Ils ont tendance à constituer des unités prosodiques indépendantes, si bien qu'ils sont en général extérieurs à la structure de la phrase.

– Ils sont optionnels sur le plan syntaxique, c'est-à-dire que, dans les cas où ils sont joints à un énoncé, leur absence n'entraîne pas une agrammaticalité. De plus, ils n'entrent pas dans une structure argumentale et ils peuvent occuper différentes positions par rapport à un énoncé, s'ils ne sont pas utilisés comme mots-phrases.

– Ils jouent un rôle au-delà de la phrase et ils relèvent de la macro-syntaxe du discours (Blanche-Benveniste 1997).

Cette liste apporte un certain éclairage sur ce que sont les MD. Ainsi, si on les compare à d'autres classes grammaticales, notamment aux classes de mots invariables, ils devraient s'en distinguer par au moins un aspect. Par exemple :

– les adverbes appartiennent aux classes majeures et ils peuvent entrer dans une structure argumentale (ex. : *X-er gentiment*) ;

– les conjonctions (ou connecteurs propositionnels) jouent un rôle intraphrastique et les prépositions agissent au sein de structures argumentales, dans la mesure où elles servent à introduire ou bien l'argument d'un prédicat, ou bien un circonstant.

Malgré cela, on se heurte vite à une question de taille. Les caractéristiques énoncées ci-dessus suffisent-elles à délimiter la classe des MD ? Rapidement, la liste proposée semble étroite, trop étroite pour atteindre ses objectifs : certains adverbes n'entreraient pas dans une structure argumentale, certaines conjonctions ne joueraient pas un rôle intraphrastique et certaines prépositions ne serviraient pas à introduire l'argument d'un prédicat ou encore un circonstant. Cette dernière observation appelle elle-même une mise au point. Premièrement, les classes grammaticales ont des frontières floues et, deuxièmement, le phénomène de la migration d'une classe à l'autre est toujours possible et, même, fréquent. Ce phénomène est particulièrement perceptible en ce qui concerne la classe des MD qui se construit, pour une part importante, à partir de la décatégorisation/recatégorisation d'unités appartenant, initialement, à d'autres classes grammaticales. À ce propos, il est frappant de remarquer que les MD ont souvent un correspondant non discursif sur le plan de la forme (ex. : *tu vois* expression verbale *versus tu vois* MD et *toujours* adverbe *versus toujours* MD). Ce correspondant représente, dans bien des cas, l'unité source du marqueur.

À partir de là, nous pouvons avancer que les MD sont des mots, particulièrement usités dans la langue orale, qui n'entrent pas normalement dans les classes grammaticales traditionnelles, à moins qu'on n'essaie de redéfinir ces dernières d'une manière plus large qu'on ne le fait à l'heure actuelle, au risque de perdre de vue ce qui, en principe, en constitue l'essence. Un exemple frappant en est fourni par l'interjection. Si d'aucuns considèrent que celle-ci « ne nécessite guère de situation d'interlocution » (ex. : Kleiber 2006) et qu'elle a un côté involontaire et spontané (ex. : Kleiber 2006), d'autres y associent des unités comme *bon, heu, hein, ben* qui appellent une situation d'interlocution et qui sont produites de façon volontaire et sur un mode qu'il serait difficile de qualifier de « spontané » (v. par exemple le numéro thématique de *Langages* 2006 sur l'interjection où cette question de l'élargissement de la classe en question anime plusieurs contributions, en particulier celle de L. Rosier).

Or une caractéristique additionnelle, souvent citée pour cerner le propre des MD, est justement le fait qu'ils appellent, dans la majorité des cas, une situation d'interlocution, parce qu'ils servent au locuteur à se positionner par rapport à son discours ou par rapport à celui de l'interlocuteur pour le bénéfice de ce dernier. Parler, c'est parler à quelqu'un d'autre, ce qui implique que l'autre aura en sa possession le maximum d'indices nécessaires pour saisir la pensée du locuteur, de même que ce qui est attendu de lui comme coproducteur du discours conversationnel. En ce sens, plutôt que d'élargir la classe des interjections pour y intégrer des unités rebelles (ex. : *bon, heu, hein, ben*), on remarquera, *a contrario*, que plusieurs unités traditionnellement tenues pour des interjections se laissent très bien ranger dans la classe des MD (ex. : dans *Allons ! Qu'est-ce que tu dis là !*, l'unité *allons* s'emploie dans une situation d'interlocution et elle n'est sûrement pas produite de façon involontaire). Mais ce n'est pas tout. En plus du cas des interjections récalcitrantes, la classe des MD comprend plusieurs unités exclues des autres classes, tout simplement parce qu'elles ne rencontrent pas – dans certains, voire dans l'ensemble de leurs emplois – les critères habituels qui définissent ces dernières. Enfin, cette classe inclut aussi des unités qui n'ont jamais eu droit à un statut clair dans l'édifice grammatical traditionnel, vu, justement, leur caractère éminemment oral (ex. : *OK*) et, dans un certain nombre de cas, leur usage restreint à des variétés de français parlées hors France (ex. : *coudon* en français québécois ou encore *so* en chiac, une variété de français acadien parlée dans le sud-est du Nouveau-Brunswick). Qu'une nouvelle classe émerge à partir d'unités difficiles à ranger dans les catégories usuelles ne devrait guère surprendre, si l'on considère que l'édifice grammatical traditionnel s'est développé à partir de la langue écrite et qu'il s'est consolidé, dans l'enseignement scolaire, essentiellement pour servir des problèmes orthographiques (Chervel 1977). Les MD doivent être envisagés dans un tout autre cadre, celui de la langue orale, où la coprésence de l'interlocuteur influence la façon dont le locuteur construit son discours. Ils apparaissent à des endroits stratégiques et ils contribuent à rendre efficaces les échanges conversationnels, ainsi qu'à aider l'interlocuteur à décoder la façon dont le locuteur conçoit le sens purement propositionnel exprimé et se positionne par rapport à celui-ci (v. le numéro 142 de *Langue française* 2004 sur l'atténuation où, en ce sens, certaines unités qui y sont examinées s'apparentent justement à des MD).

Comme on le voit, la nouvelle classe qui se dessine à partir, notamment, des exclus des autres classes grammaticales n'est pas facile à circonscrire. Cette difficulté est accentuée du fait que cette classe ne bénéficie pas du poids d'une tradition dont l'un des effets est de fixer certains lieux communs. Pourtant, si on cherche bien, on parvient à dégager quelques consensus implicites de sa jeune histoire. À ce propos, il est frappant de remarquer que, parmi la panoplie de termes jadis disponibles pour désigner la classe qui nous intéresse, il y en a un certain nombre qui sont désormais plus ou moins tombés en désuétude tels *phatiques, ponctuants, ponctuation (discursive et métadiscursive)* et *fillers* (ex. : Davoine 1980 ; Luzzati 1985 ; Winther 1985 ; Bazzanella 1990 ; Vincent 1993). Ce serait simplifier l'histoire que d'attribuer cet état de choses au simple hasard ou encore à la plus grande popularité de certaines appellations par rapport à d'autres. Cette situation invite en fait à réfléchir au recul d'une approche a-sémantique des MD, c'est-à-dire d'une approche où ces unités, tenues pour vides de sens, étaient considérées comme le résultat d'une désémantisation due à l'évolution de la langue. L'allégement terminologique auquel nous assistons reflète donc tout simplement la consolidation d'une conception présente dès les débuts, selon laquelle les MD expriment bel et bien un sens – mais un sens différent de celui associé aux unités qui appartiennent aux classes traditionnelles, comme les noms, les verbes ou les adjectifs. Selon les écoles et les traditions, on parlera ces dernières années, entre autres, de « sens procédural » (ex. : Blakemore 1996 ; Rouchota 1998), de « sens interpersonnel et textuel » (ex. : Brinton 1996) et de « sens subjectif et intersubjectif » (ex. : Traugott 1995 ; Traugott et Dasher 2002). À partir de tout cela, nous aurions tendance à conclure à une petite victoire remportée par la sémantique.

2. LES APPROCHES

Malgré quelques avancées méritoires, il faut pourtant en revenir au constat, formulé plus haut, selon lequel les consensus sont lents à se dessiner dans le domaine des MD. Cet état de choses est sûrement alimenté par le fait que les approches privilégiées pour aborder ces unités varient énormément, ce qui contribue à un certain morcellement des connaissances en la matière. Ainsi, les MD ont notamment été abordés sous des angles sémantiques (ex. : Ducrot *et al.* 1980 ; Laurendeau 1986 ; Léard 1989 ; Hansen 1998 et 2005 ; Dostie 2004), sociolinguistique (ex. : Vincent 1993 ; Stubbe et Holmes 1995 ; Andersen 2001 ; Beeching 2002) et pragmatique (ex : Bruxelles et Traverso 2001), et ils ont été analysés dans des cadres théoriques aussi variés que, par exemple, la théorie de la pertinence (ex. : Andersen 1998 ; Blakemore 2002), la théorie de la politesse de Brown et Levinson 1987 (ex. : Beeching 2002), la théorie de l'argumentation qui a été marquante dans la tradition française (ex. : Ducrot *et al.* 1980), ainsi que l'approche modulaire de la conversation développée autour de E. Roulet (ex. : Roulet *et al.* 1985). Ces points de vue variés traduisent bien la complexité d'un objet dont les spécificités en font un cas tout désigné pour une exploration pluridisciplinaire.

3. L'INTÉRÊT RÉCURRENT POUR CERTAINES UNITÉS

Le bilan rapide qui vient d'être esquissé permet de prendre le pouls du domaine : si les MD font l'objet d'un examen aussi soutenu depuis plus de 25 ans, c'est qu'on se trouve toujours, en quelque sorte, en terrain de découverte. Cela ressort encore lorsqu'on prend note des deux constats additionnels suivants.

– En premier lieu, l'intérêt pour la classe des MD varie énormément selon les traditions linguistiques. Cet intérêt est nettement plus marqué dans la tradition allemande (v. Foolen 1997 qui cite de nombreux travaux portant sur les particules modales de l'allemand) et anglo-américaine (ex. : Brinton 1996 ; Fraser 1996, 1999 ; Schourup 1999) que dans la tradition française (v. les travaux cités plus haut).

– En second lieu, l'emphase est souvent mise sur les mêmes cas, devenus classiques par la force des choses, comme *you know*, *well* et *so* pour l'anglais (ex. : Erman et Kotsinas 1993 ; Stubbe et Holmes 1995 ; Erman 2001 ; Schourup 2001 ; Fox Tree et Schrock 2002 ; Macaulay 2002), ou encore *bien/ben* et *donc* pour le français (ex. : Culioli 1990 ; Hybertie 1996 ; Rossari et Jayez 1996 ; Hansen 1998 ; Bruxelles et Traverso 2001 ; Vlemings 2003).

Les constats formulés jusqu'ici paraîtront peut-être un peu pessimistes. Cependant, on pourra aussi y voir une invitation stimulante à élargir la réflexion vers de nouvelles questions.

4. LES CONTRIBUTIONS À CE NUMÉRO

Le présent numéro est articulé autour de deux problématiques complémentaires : d'une part, celle du sens des MD et, d'autre part, celle de leur variation. La motivation pour cette double problématique vient de l'observation que le français est encore trop peu exploré en la matière, en particulier en ce qui touche à la question complexe de la variation. Cette dernière apparaît pourtant incontournable, puisque, nous l'avons dit, les MD sont le plus souvent réservés à la langue parlée et qu'ils échappent donc plus facilement que d'autres mots à la norme.

Les articles réunis sont axés, en priorité, sur des MD prototypiques dans certains de leurs emplois (cf. les contributions de G. Dostie sur *là* et *là là*, de G. Chevalier sur *but*, *so*, *well* et *because*, de K. Beeching sur un sous-groupe étendu de marqueurs dont *enfin*, *quoi* et *quand même*, de R. Waltereit sur *bon ben* et *enfin bref*, et de É. Buchi sur *toujours*). Une attention particulière est également accordée à un groupe de MD, à première vue, non prototypiques. À ce titre, le numéro inclut deux articles consacrés à des unités sorties de leur emploi verbal initial, dont le comportement général, formel et sémantique, en fait finalement bel et bien des MD (cf. les contributions de H. L. Andersen sur un vaste sous-groupe de marqueurs déverbaux à la première et à la deuxième personnes tels *je pense* et *tu vois* et de C. Pusch sur *faut dire*).

Cela dit, les articles regroupés touchent aux diverses facettes du diasystème français. Ainsi, les contributions de G. Dostie et de G. Chevalier portent sur des variétés régionales de français, donc sur l'axe diatopique (français québécois pour G. Dostie et chiac pour G. Chevalier), si bien que certains marqueurs investigués s'avèrent inconnus hors d'un cadre géographique précis (cf. *but*, *so*, *well* et *because* en chiac). L'axe diaphasique (c'est-à-dire l'axe relatif aux niveaux de langue) est abordé dans les contributions de H. L. Andersen et de K. Beeching, l'axe diastratique (celui qui a trait aux variations selon les classes sociales) dans la contribution de K. Beeching et, enfin, l'axe diachronique dans les articles de K. Beeching, de R. Waltereit et de É. Buchi. On obtient ainsi un portrait varié, mais cohérent du domaine traité, basé sur des données originales et diversifiées. Ces données proviennent de plusieurs corpus du français, actuel et passé, présentés en bibliographie.

En outre, puisque la variation se laisse souvent expliquer par des schémas sémantiques généraux sous-jacents (Traugott et Dasher 2002), les études mettent une emphase particulière sur la question du sens, à partir soit d'analyses individuelles de marqueurs (cf. les articles de C. Pusch, de G. Dostie, de R. Waltereit et de É. Buchi), soit d'analyses d'un sous-groupe donné de marqueurs (cf. les contributions de H. L. Andersen, de G. Chevalier et de K. Beeching). Cependant, qu'ils traitent de marqueurs individuels ou de groupes de marqueurs, tous les articles se rejoignent par la portée de leurs réflexions qui dépassent largement l'étude de cas particuliers. Ces réflexions sont articulées autour de quelques thèmes récurrents qui se greffent, à un certain niveau d'abstraction, à deux problématiques fondamentales : d'où viennent les MD et comment les utilise-t-on ? Ainsi, on aborde directement ou en filigrane la problématique de la pragmaticalisation d'unités lexicales pleines (cf. les contributions de H. L. Andersen, de C. Pusch, de G. Dostie, de K. Beeching, de R. Waltereit et de É. Buchi), celle de l'émergence de nouveaux marqueurs par le contact de langues (cf. l'article de G. Chevalier) et, enfin, celle de leur éventuelle extension dans une société en fonction de facteurs intra-systémiques et extra-systémiques (par exemple d'ordre socio-psychologique comme le désir de solidarité ; cf. l'article de K. Beeching).

Pour terminer, voici un peu plus en détail les diverses problématiques abordées dans les articles qui composent le présent numéro de *Langue française*.

H. L. Andersen cherche à caractériser un groupe de MD formés à partir d'un verbe conjugué ; ces marqueurs sont souvent considérés comme des propositions en incise ou comme des propositions parenthétiques. Dans cette vaste catégorie de MD, l'auteure distingue deux sous-groupes : l'un caractérisé par l'emploi de la première personne du singulier (ex. : *je pense, je crois, je trouve*), l'autre par l'emploi de la deuxième personne (ex. : *tu sais/vous savez, tu vois/vous voyez*). Les MD considérés proviennent d'un processus de pragmaticalisation dont on trouve les traces en ancien français. H. L. Andersen signale que l'acceptabilité des MD déverbaux antéposés dans un énoncé reste difficile en français écrit, surtout à la première personne, contrairement à ce qu'on peut observer dans les langues germaniques. En revanche, une même forme à la première personne pourra correspondre, en français parlé, aussi bien à un verbe d'opinion antéposé qu'à un MD pour lequel il conviendra de parler de « MD propositionnel ».

Dans la même veine, l'article de C. Pusch se veut une contribution à l'étude des MD issus de structures de (pseudo-)subordination syntaxique, aussi appelés « marqueurs parenthétiques » ou, comme le propose H. L. Andersen, « MD propositionnels ». Sur la base d'un dépouillement exhaustif de plusieurs corpus de français parlé (majoritairement européen), l'auteur décrit d'abord la variation morphosyntaxique de la tournure *(il) faut dire (que)*, notamment en ce qui concerne la présence ou l'absence du pronom *il* et du complémenteur *que*, et sa distribution positionnelle par rapport à la complétive qu'elle est censée régir. C. Pusch aborde ensuite la question de savoir si *(il) faut dire (que)* fonctionne vraiment comme MD ou plutôt comme connecteur textuel, à l'instar de l'expression *je dois dire que* analysée par Kronning (1988). Il conclut que *(il) faut dire (que)*, tout en apparaissant dans des contextes où la connectivité entre en jeu, est, dans la plupart de ses occurrences orales attestées, un MD véritable à valeur interlocutive explicative ou subjectivisante.

Pour sa part, G. Dostie explore le phénomène de la réduplication des MD. Elle tente d'abord de préciser le rôle de la réduplication pragmatique du marqueur *là* en français québécois. Elle cherche ensuite à déterminer si la réduplication pragmatique des MD se manifeste de façon plus ou moins analogue à celle qui affecte d'autres classes grammaticales, comme celle de l'adjectif où la réduplication est associée à un processus d'intensification. L'hypothèse avancée est que la notion d'« intensification » n'est pas adéquate pour cerner le phénomène de la réduplication pragmatique des MD, si on désigne par celle-ci une catégorie sémantique correspondant au sens « très ». De fait, seuls les adjectifs qui présentent un caractère graduable peuvent être spontanément rédupliqués (ex. : *pas très grand, pas grand grand* versus *? pas très carré ? pas carré carré*). Or il est clair que les MD ne présentent pas un caractère graduable. Sur cette base, l'auteur propose que la réduplication pragmatique des MD concerne essentiellement l'engagement du locuteur face à son dire et qu'elle lui serve à réaliser un acte illocutoire à valeur modale d'insistance.

De son côté, G. Chevalier se penche sur les marqueurs *but, so, well* et *because* usités en chiac. L'auteure tente d'expliquer, à la lumière du système actuel, ce qui a motivé l'emprunt à l'anglais de ces quatre marqueurs en particulier, et non, par exemple, celui de *and* ou de *or*, ou encore celui de quasi-synonymes de *but* ou de *so*, tels l'adversatif *still* ou le consécutif *then*. Les données extraites de corpus sociolinguistiques indiquent que *but* et *so* ont, dans une forte mesure, évincé leurs homologues *mais, alors* et *ça fait que*, tandis que *ben (bien)* et *parce que* maintiennent leur position dans le système. Ces données suggèrent que le caractère argumentatif des marqueurs examinés et leur valeur intersubjective dans la conversation doivent avoir contribué à la restructuration du microsystème dans lequel ils se sont insérés.

K. Beeching s'intéresse, quant à elle, à la co-variation d'un ensemble de MD fréquents (*bon, c'est-à-dire, enfin, hein, quand même, quoi et si vous voulez*) à partir de trois corpus de français parlé datés de 1968, 1988 et 2002. Une analyse factorielle conduit à dégager trois facteurs clés pour l'examen des marqueurs en cause correspondant aux étiquettes « normal/déférent », « moderne/camaraderie » et « traditionnel/formalité ». Le corpus le plus récent est celui qui contient le plus haut taux d'emploi de marqueurs correspondant à l'étiquette « moderne/camaraderie » et le plus bas taux de marqueurs correspondant à l'étiquette « traditionnel/formalité ». Cela est particulièrement marqué chez les jeunes locuteurs. L'auteure note que le facteur « moderne/camaraderie » combine un développement diachronique de deux sortes. Il correspond au développement sociolinguistiquement motivé de *quoi* et à celui, intralinguistiquement motivé, de *enfin* et *bon*. En terminant, K. Beeching établit une corrélation entre la fréquence des trois facteurs considérés et la génération à laquelle un locuteur appartient. En plus du mode de politesse qui aurait changé dans la société française, cette corrélation suggère qu'un locuteur s'identifierait davantage aux locuteurs de sa propre génération que, par exemple, aux locuteurs qui ont le même niveau de scolarisation que lui.

R. Waltereit examine, lui, la genèse de MD complexes, c'est-à-dire la genèse de MD formés de plusieurs mots. Dans un premier temps, l'auteur élabore une taxinomie qui comporte quatre sous-classes de marqueurs complexes, dont deux se prêtent particulièrement bien à une analyse diachronique. Dans un second temps, R. Waltereit focalise son attention sur deux marqueurs complexes, à savoir *bon ben* et *enfin bref*. Ces exemples appuient l'hypothèse selon laquelle les MD complexes naissent d'un processus d'usage « abusif » ; ils profitent ainsi de l'attrait, pour la structure du discours et pour l'interaction, qu'offre une certaine séquence de mots, qu'il s'agisse d'un phrasème ou bien d'une séquence de marqueurs adjacents.

Enfin, en prenant appui sur les travaux consacrés, depuis les années 1980, aux emplois discursifs de *toujours* (ex. : *c'est toujours ça, tu peux toujours essayer, toujours est-il que,* etc.), É. Buchi fait l'inventaire des différentes valeurs (grammaticales et pragmatiques) de cet adverbe et en retrace l'histoire interne. La recherche de l'apparition des différents sens du marqueur est conduite dans un méta-corpus formé surtout de dictionnaires et de bases textuelles, et est complétée par des dépouillements personnels. L'étude débouche sur la reconstitution de la genèse des différentes valeurs que *toujours* a acquises à travers le temps ; on y distingue les valeurs qui tirent leur origine directement de l'adverbe temporel de celles qui se greffent sur un emploi déjà pragmatique de l'unité considérée.

Bibliographie

ANDERSEN, G. (1998), « The Pragmatic Marker like from a Relevance-theoretic Perspective », *in* : A. H. Jucker et Y. Ziv (éds), *Discourse Markers. Description and Theory*, Amsterdam et Philadelphia, Benjamins, pp. 147-170.

ANDERSEN, G. (2001), *Pragmatic Markers and Sociolinguistic Variation*, Amsterdam et Philadelphia, Benjamins.

BAZZANELLA, C. (1990), « Phatic Connectives as Interactional cues in spoken Italian », *Journal of Pragmatics*, 14, pp. 629-647.

BEECHING, K. (2002), *Gender, politeness and pragmatic particles in French*, Amsterdam et Philadelphia, Benjamins.

BLAKEMORE, D. (1996), « Are Apposition Markers Discourse Markers ? », *Journal of Linguistics*, 32 : 2, pp. 325-347.

BLAKEMORE, D. (2002), *Relevance and Linguistic Meaning : The Semantics and Pragmatics of Discourse Markers*, Cambridge, Cambridge University Press.

BLANCHE-BENVENISTE, C. (1997), *Approches de la langue parlée en français*, Paris, Ophrys.

BRINTON, L. J. (1996), *Pragmatic Markers in English*, Berlin et New York, Mouton de Gruyter.

BROWN, P. et LEVINSON, S. C. (1987), *Politeness*, Cambridge, Cambridge University Press.

BRUXELLES, S. et TRAVERSO, V. (2001), « Ben : apport de la description d'un ''petit mot du discours'' à l'étude des polylogues », *Marges linguistiques*, 2, pp. 38-55.

CHERVEL, A. (1977),*... et il fallut apprendre à écrire à tous les petits français. Histoire de la grammaire scolaire*, Paris, Payot.

CULIOLI, A. (1990), *Pour une linguistique de l'énonciation*, tome I, Paris, Ophrys.

DAVOINE, J.-P. (1980), « ... des connecteurs phatiques, tu penses !, penses-tu !, remarque, écoute... », *in* : Kerbrat-Orecchioni, C. (éd.), *Le discours polémique*, Lyon, P. U. de Lyon, pp. 83-107.

DOSTIE, G. (2004), *Pragmaticalisation et marqueurs discursifs. Analyse sémantique et traitement lexicographique*, Bruxelles, De Boeck, Duculot.

DUCROT, O. *et al.* (1980), *Les mots du discours*, Paris, Minuit.

ERMAN, B. (2001), « Pragmatic markers revisited with a focus on you know in adult and adolescent talk », *Journal of Pragmatics*, 33, pp. 1337-1359.

ERMAN, B. et KOTSINAS, U. B. (1993), « Pragmaticalization : the case of ba' and you know », *Studier i modern språkvetenskap*, 10, pp. 76-93.

FOOLEN, A. (1997), Pragmatic Particles, *in* : J. Verschueren *et al.* (éds), *Handbook of Pragmatics*, Amsterdam et Philadelphia, Benjamins, pp. 1-24.

FOX TREE, J. E. et SCHROCK, J. C. (2002), « Basic meanings of you know and I mean », *Journal of Pragmatics*, 34 : 6, pp. 727-747.

FRASER, B. (1996), « Pragmatic Markers », *Pragmatics*, 6 : 2, pp. 167-190.

FRASER, B. (1999), « What are Discourse Markers ? », *Journal of Pragmatics*, 31, pp. 931-952.

HANSEN, M.-B. M. (1998), *The Function of Discourse Particles*, Amsterdam et Philadelphia, Benjamins.

HANSEN, M.-B. M. (2005), « From prepositional phrase to hesitation marker. The semantic and pragmatic evolution of French enfin », *Journal of Historical Pragmatics*, 6 : 1, pp. 37-68.

HYBERTIE, C. (1996), *La conséquence en français*, Paris, Ophrys.

KLEIBER, G. (2006), « Sémiotique de l'interjection », *Langages*, 161, pp. 10-23.

KRONNING, H. (1988), « Modalité, politesse et concession : *je dois dire que* q », dans : Nølke, H. (éd.), *Opérateurs syntaxiques et cohésion discursive*. Actes du IVe Colloque International de Linguistique Slavo-Romane (Erhvervssproglige skrifter ; 16), Copenhague, Nyt Nordisk Forlag, pp. 99-112.

LANGAGES (2006 : 161), BURIDANT, C. (responsable du numéro), *L'interjection : jeux et enjeux*.

LANGUE FRANÇAISE (2004 : 142), Haillet, P. P. (responsable du numéro), *Procédés de modalisation : l'atténuation*.

LAURENDEAU, P. (1986), « Oralité et théorie énonciative », *Présence francophone*, 29, pp. 63-77.

LÉARD, J.-M. (1989), « Les mots du discours : variété des enchaînements et unité sémantique », *Revue québécoise de linguistique*, 18 : 1, pp. 85-108.

LUZZATI, D. (1985), « Analyse périodique du discours », *Langue française*, 65, pp. 62-73.

MACAULAY, R. (2002), « You know, it depends », *Journal of Pragmatics*, 34 : 6, pp. 749-767.

ROSSARI, C. et JAYEZ, J. (1996), « *Donc* et les consécutifs. Des systèmes de contrainte différentiels », *Lingvisticae Investigationes*, 20 : 1, pp. 117-143.

ROUCHOTA, V. (1998), « Procedural Meaning and Parenthetical Discourse Markers », *in* : A. H. Jucker et Y. Ziv (éds), *Discourse Markers. Description and Theory*, Amsterdam et Philadelphia, Benjamins, pp. 97-126.

ROULET, E. *et al.* (1985), *L'articulation du discours en français contemporain*, Bern, Peter Lang.

SCHIFFRIN, D. (1987), *Discourse Markers*, Cambridge, Cambridge University Press.

SCHOURUP, L. (1999), « Discourse Markers », *Lingua*, 107, pp. 227-265.

SCHOURUP, L. (2001), « Rethinking well », *Journal of Pragmatics*, 33, pp. 1025-1060.

STUBBE, M. et HOLMES, J. (1995), « You know, eh and other 'Exasperating Expressions' : an Analysis of Social, and Stylistic Variation in the Use of Pragmatic Devices in a Sample of New Zealand English », *Language & Communication*, 15 : 1, pp. 63-88.

TRAUGOTT, E. C. (1995), « Subjectification in grammaticalisation », in : Stein, D. et Wright, S. (éds), *Subjectivity and subjectivisation*, Cambridge, Cambridge University Press, pp. 31-54.

TRAUGOTT, E. C. et DASHER, R. B. (2002), *Regularity in Semantic Change*, Cambridge, Cambridge University Press.

VINCENT, D. (1993), *Les ponctuants de la langue et autres mots du discours*, Québec, Nuit Blanche.

VLEMINGS, J. (2003), « The discourse use of French donc in imperative sentence », *Journal of Pragmatics*, 35, pp. 1095-1112.

WINTHER, A. (1985), « *Bon (bien, très bien)* ponctuation discursive et ponctuation métadiscursive », *Langue française*, 65, pp. 80-91.

Corpus

• LA RECHERCHE EN SYNCHRONIE

Français de Belgique :

ELICOP (Étude linguistique de la communication parlée), Katholieke Universiteit Leuven, Textes oraux de Belgique et de différentes régions de France (Orléans, Tours, Auvergne), Adresse du site : <http://bach.arts.kuleuven.ac.be/pmertens/corpus/search>.

Français de France :

BEECHING = Corpus Beeching/Bristol (1988-1990), entretiens semi-spontanés enregistrés à Paris, en Bretagne, dans le Lot et dans le Minervois. Adresse du site : <http://www.uwe.ac.uk/hlss/research/CORPUS.pdf>.

C-ORAL-ROM = Cresti, E. et Moneglia, M. (eds. 2005), C-ORAL-ROM. *Integrated reference corpora for spoken Romance languages*, Amsterdam, Benjamins (Studies in corpus linguistics ; 15).

CORPAIX, Groupe Aixois de Recherche en Syntaxe et Équipe DELIC (Description Linguistique Informatisée de Corpus), entretiens de type « récits de vie » recueillis en France entre 1976 et 1999, corpus qui n'est pas public.

CREDIF = Martins-Baltar, M. *et al.* (éds. 1989), *Entretiens. Transcription d'un corpus oral*, Saint-Cloud/Paris, ENS de Fontenay-St-Cloud – CREDIF/Didier.

CRFP = Corpus de Référence du Français Parlé (2002), 134 entretiens semi-spontanés, 40 villes en France. Adresse du site : <http://www.up.univ-mrs.fr/delic/crfp>.

ELICOP (Étude linguistique de la communication parlée), Katholieke Universiteit Leuven. Textes oraux de Belgique et de différentes régions de France (Orléans, Tours, Auvergne). Adresse du site : <http://bach.arts.kuleuven.ac.be/pmertens/corpus/search>.

HANSEN = Corpus de français parisien (1989), ensemble d'interviews et d'entretiens libres enregistrés à Paris, par Anita Berit Hansen, Université de Copenhague, corpus qui n'est pas public.

KOTSCHI = Corpus Kotschi (1982), « Gespräch über Sprachnormen », discussion entre 9 personnes enregistrée à Paris, Freie Universität Berlin, corpus qui n'est pas public.

PARIS III = Corpus de Paris III (1986-1995), La Sorbonne Nouvelle, différents types de textes enregistrés à Paris (débats, discussions, conversations à bâtons rompus, cours…), corpus qui n'est pas public.

Français du Canada – Québec :

BDTS (Banque de données textuelles de Sherbrooke), Université de Sherbrooke, textes variés (textes littéraires, entrevues, émissions de télévision, etc.) en partie postérieurs à 1970. Adresse du site : <http://www.usherbrooke.ca/Catifq/bdts>.

Français du Canada – Nouveau-Brunswick :

ANNA-MALENFANT = Corpus Anna-Malenfant (1994), conversations en dyades entre jeunes de 13-14 ans.

CHIAC-KASPARIAN = Corpus Chiac-Kasparian (1999), Conversations spontanées entre jeunes de 18-24 ans et entre ces jeunes et leurs parents.

CRLA = Banque de corpus oraux du français d'Acadie, CRLA (Centre de recherche en linguistique appliquée). Textes de différentes régions du Nouveau Brunswick.

Ces trois corpus ne sont pas publics, mais on peut en obtenir des données en s'adressant au Centre de recherche en linguistique appliquée : <crla@umoncton.ca>.

• LA RECHERCHE EN DIACHRONIE

BFM = ENS-LSH-CNRS-ICAR (1989–2004), Base de Français Médiéval. Adresse du site : <http://weblex.ens-lsh.fr/wlx>

DMF1 = ATILF, Équipe « Moyen français et français préclassique » (2003-2005), à paraître. Dictionnaire du Moyen Français (DMF1), Paris, CNRS (cédérom). Aussi accessible en tant que Base de Lexiques du Moyen Français. Adresse du site : <http://www.atilf.fr/blmf>.

ERNST/WOLF = Ernst, G. et Wolf, B. (2005), *Textes français privés des XVIIe et XVIIIe siècles*, Tübingen, Niemeyer (cédérom).

FRANTEXT = Textes, en partie littéraires, du XVIe siècle au XXe siècle. Adresse du site : <http://www.frantext.fr>.

Hanne Leth Andersen
Université d'Aarhus, Danemark

Marqueurs discursifs propositionnels

I. INTRODUCTION

Cet article traite d'un groupe de marqueurs discursifs qui, d'un point de vue morpho-syntaxique, ressemblent à de véritables propositions puisqu'ils contiennent un verbe conjugué, mais qui dans leur emploi de marqueurs discursifs sont figés dans une forme invariable où ils ne peuvent pas régir d'autres membres de phrase, ainsi que c'est le cas des deux groupes suivants caractérisés, pour le premier, par l'emploi de la première personne du singulier (*je pense, je crois, je trouve*) ou, pour le deuxième, par l'emploi de la deuxième personne (*tu sais/vous savez, tu vois/vous voyez*) :

(1)   / je crois je me laisserai déborder... (Anita, LM, 1993, 4, 20)

(2)   Maintenant ça ne me gêne pas du tout... *tu vois* je l'ai j'la connais très bien... (KK-97-W2)

Ce type de proposition avec un verbe sans sa capacité rectrice en français est le plus souvent désigné dans la littérature par d'autres termes que celui de *marqueur discursif*, comme par exemple celui d'*incise* (De Cornulier 1978), fonction réservée aux verbes *recteurs faibles* (Blanche-Benveniste 1989), ou celui de *proposition parenthétique* (Andersen 1997). Vincent (1993) distingue cependant pour le français québécois un certain nombre de marqueurs d'interaction qui sont devenus de simples *ponctuants* parmi lesquels on trouve *tu sais, vous savez, vois-tu* et *je veux dire*.

Je vais tenter de montrer que les propositions du type mentionné dans les deux exemples ci-dessus, à la première et à la deuxième personne, sont grammaticalisées comme de véritables marqueurs discursifs, ayant suivi un processus de grammaticalisation par lequel ils ont perdu leur rôle de verbe recteur. On peut ainsi observer qu'ils partagent les traits suivants (cf. Andersen 1996, 1997) avec les marqueurs discursifs prototypiques mono-syllabiques :

–   invariabilité morphologique ;

–   optionalité sur le plan syntaxique ;

– position relativement libre par rapport à un énoncé dans lequel ils sont insérés ;
– aucune contribution au contenu propositionnel de l'énoncé ;
– aucune modification de la valeur de vérité de l'énoncé ;
– sens subjectif ou intersubjectif.

Syntaxiquement et topologiquement, la fonction et l'emplacement des propositions étudiées sont les mêmes que ceux d'un « adverbial », comme par exemple *enfin* ou *en effet*. Les adverbes de phrase sont justement des membres de phrase porteurs de subjectivité, appelés par Nølke des *monstratifs*. Du point de vue sémantique, il s'agit de ce que Bally appelle le *modus*.

Ces marqueurs discursifs manifestent un lien direct à l'interaction entre les locuteurs implicitement ou explicitement présents dans le discours. Il est cependant clair que les marqueurs discursifs propositionnels (désormais MDP) à la deuxième personne, à l'indicatif ou à l'impératif, se distinguent sur certains points des MDP à la première personne et qu'il s'agit clairement en français d'une plus forte grammaticalisation des MDP à la deuxième personne.

Dans cet article je vais distinguer fondamentalement deux groupes de marqueurs selon leur forme et leur fonction, d'un côté les MDP à la première personne (verbes épistémiques : *je pense, je crois, je trouve*), qui sont des marqueurs de distance et d'engagement, d'évidentialité, et de l'autre côté les MDP à la deuxième personne (*tu sais/vous savez, tu vois/(vous) voyez*) qui sont des marqueurs d'interaction, d'appel à l'interlocuteur, généralement pour s'assurer de sa participation (passive). Bien qu'il y ait ainsi pour la plupart des verbes une plus forte désémantisation des MDP à la deuxième personne, il reste dans chacune des expressions traitées une partie du sémantisme de départ.

2. DEUX FONCTIONS DIFFÉRENTES SANS DISTINCTION FORMELLE ?

De la première personne du singulier, les MDP antéposés peuvent être difficiles à séparer d'un verbe recteur antéposé à une proposition complétive. En anglais, on peut observer que la conjonction qui marque la subordination d'une proposition complétive déclarative, *that*, manque le plus souvent quand la proposition est l'objet d'un verbe, surtout des verbes qui présentent un savoir, une croyance, une opinion ou une citation, *know, think, believe* et *say* (cf. Elsness 1984). Noonan (1985) montre l'existence d'un emploi parenthétique de prédicats comme *believe, think, suppose, regret*. Pour ce qui est de l'emploi parenthétique, il s'agit, comme c'est le cas en français, surtout de sujets à la première personne du singulier et de verbes au présent. La position est plus libre ; le prédicat est placé au début ou bien après un constituant de phrase important (*a major sentence constituent*), et l'interprétation du prédicat comme parenthétique est probable, même si à l'antéposition il peut éventuellement s'agir d'un emploi non parenthétique. Pour exprimer la fonction du verbe parenthétique, on peut dire avec Urmson (1949) que la fonction est « de modifier ou d'affaiblir la prétention à la vérité impliquée par une simple assertion ». Les résultats présentés dans Thompson et Mulac (1991) confirment ceux de Urmson, Elsness et Noonan ; la possibilité d'omettre *that* est beaucoup plus grande quand le sujet principal est à la première ou à la deuxième personne. Les verbes les plus fréquents quant à l'omission de *that* sont aussi les verbes qui expriment le degré d'engagement du locuteur : *think* et *guess*.

En français conventionnel (écrit), l'emploi du *que* complétif est obligatoire et mécanique, ce qui revient à dire qu'il n'y a pas de distinction entre une réelle subordination où l'information de la proposition syntaxiquement subordonnée est secondaire et un emploi parenthétique des verbes en question. C'est alors seulement par des analyses syntaxiques, sémantiques et pragmatiques (Benveniste 1958, Blanche-Benveniste 1989, Andersen 1997) qu'on peut distinguer ces deux emplois différents et arriver à montrer que le verbe traditionnellement dit « surordonné » (et principal) ne régit pas toujours la proposition suivante.

Selon É. Benveniste, dans l'exemple : *je crois (que le temps va changer)*, il ne s'agit pas d'une description d'être croyant et l'opération de croire n'est pas l'objet de l'énoncé. Pour É. Benveniste, il s'agit d'une assertion mitigée. « En disant *je crois (que...)*, je convertis en une énonciation subjective le fait asserté impersonnellement, à savoir *le temps va changer*, qui est la véritable proposition » (Benveniste 1965 : 264).

De même, Blanche-Benveniste (1989) montre que la complétive n'a que « les apparences d'un complément ». Elle classe les verbes tels que *estimer, trouver* (« être d'avis ») parmi les verbes « recteurs faibles » en les caractérisant par leur double possibilité de construction : « on peut les trouver en tête de la construction, suivis d'une *que*-phrase qui a les apparences d'un complément [...] ou en incise après la séquence à apparence de complément (ou à l'intérieur de cette séquence) » (Blanche-Benveniste 1989 : 60). La rection faible est ainsi caractérisée par une intégration partielle de la complétive, alors que les verbes à rection forte la régissent comme un syntagme complément. Boone (1994) aussi suggère d'opposer, dans le cas de la complétive, deux degrés de subordination : une subordination forte (dépendance syntaxique forte) et une subordination faible. Or, Blanche-Benveniste fait remarquer que, dans les corpus de français parlé, « le *que* des recteurs forts se réalise comme une syllabe pleine /ke/ », tandis que « les *que* des recteurs faibles ont tendance à se réaliser comme une consonne /k/, affixée au verbe ». Blanche-Benveniste conclut que « le *que* qui se perd dans l'incise est déjà un *que* très affaibli dans la construction à *que*-phrase ». Ces deux constructions, d'un côté l'incise et de l'autre la *que*-phrase, sont ainsi également comparables dans l'optique de Blanche-Benveniste. Le problème, c'est que le français normatif n'admet pas une suite de mots où un verbe conjugué est suivi directement par une proposition avec un verbe conjugué (à moins qu'il ne s'agisse de discours rapporté direct).

Ainsi, tandis que Blanche-Benveniste et Boone caractérisent le rapport entre les deux noyaux verbaux comme une rection où l'intégration de la complétive est partielle, donc toujours existante, Émile Benveniste défend l'idée, fondée sur une analyse sémantique, que la véritable proposition est la proposition traditionnellement dite « complétive ».

Dans une optique sémantique classique, faisant référence aux modistes du XIIIe siècle, on peut dire que la structure en question est composée d'un *modus* (proposition de jugement, de volonté ou de commentaire) et d'un *dictum* (proposition d'information). La proposition exprimant le *modus* est sémantiquement équivalente à un adverbe et peut être interprétée comme un qualifieur facultatif de l'assertion exprimée (cf. Rusiecki 1971 : 140), ce qui rappelle le *modus* de Bally. Selon Rusiecki, le verbe assertif peut être employé d'une manière parenthétique même s'il ne se trouve pas dans une position parenthétique, mais dans une position surordonnée (*superordinate*). Cela correspond à la lecture parenthétique d'Urmson selon laquelle la proposition « complétive » est la proposition surordonnée, tandis que le verbe assertif est employé dans son sens parenthétique.

Halliday (1985) s'occupe également de la subjectivité et du statut sémantique du verbe parenthétique. Il montre que *I think* est une métaphore interpersonnelle dans laquelle l'opinion du sujet parlant concernant la probabilité de la validité de son observation (le *modus* de Bally) est codée comme une proposition syntaxique à part dans un rapport hypotaxique avec la proposition principale. Il le prouve par l'exemple *I think it's going to rain* qui, tout comme *It is probably going to rain*, est repris par la question rhétorique (*tag*) *isn't it ?* et non pas *don't I ?* La proposition (au niveau sémantique) n'est pas *I think*, mais *it's going to rain*. Halliday conclut que l'énoncé *I think it's going to rain* est une variante de *It is probably going to rain*, et non pas de *John thinks it's going to rain* qui est repris par *doesn't he ?* où la proposition est en effet *John thinks*. Halliday montre ainsi, par l'emploi de la reprise rhétorique, que même antéposée, la proposition parenthétique n'est pas surordonnée à la proposition suivante. Il prouve donc par des moyens syntaxiques que c'est cette deuxième proposition qui est la « véritable proposition » et rejoint ainsi l'analyse de Benveniste.

3. GRAMMATICALISATION ET ASPECT DIACHRONIQUE

La signification des verbes qui sont grammaticalisés dans leur emploi de MDP ne change pas entièrement par rapport à leur emploi propositionnel normal, mais les verbes expriment des types de sens différents ; de manière générale, on peut dire que leur signification primaire est modifiée ou atténuée par rapport au verbe source, et que l'emploi a évolué vers le sens subjectif et intersubjectif. Traugott (1995) propose ainsi pour l'anglais que *I think* est en train de changer d'un statut de proposition principale vers une construction parenthétique avec plus de liberté de position dans une proposition figée qui indique l'attitude de locuteur. Or, il semble bien que le parallélisme entre au moins deux emplois, celui de verbe recteur et celui de marqueur discursif, ne soit pas récent en français, car il s'avère que la proposition parenthétique existe depuis l'ancien français. Selon Togeby, le cas de « non-emploi de la conjonction *que* » (§ 151,2) se manifeste justement après les verbes d'opinion et de déclaration « où deux points pourraient séparer les deux propositions ». Togeby fait remarquer qu'il s'agit là surtout de ce qu'il appelle le « style paratactique » des textes épiques, et ses exemples sont les suivants : *Je cuit plus sot de ti n'i a* (Feuillée) et *Lors me samble serpent et guivre me menjue le cuer et le ventre* (Théophile 273). La notion de « style paratactique » fait ici référence à une relation autre que la subordination classique entre un verbe principal et une proposition complétive (objet). Il est cependant important de souligner que le rapport entre un verbe parenthétique et le verbe de la proposition suivante n'est pas un rapport de parataxe ou de coordination, mais d'une certaine forme de subordination (hypotaxe) du verbe « régissant » au même niveau qu'un adverbial.

Nyrop (1930 : 159) donne également des exemples d'« omission » de la conjonction *que* devant certaines propositions complétives (surtout après des « verbes *declarandi* »), comme dans les exemples suivants : *Qui que s'en aut, sachiez je remendré* (Aimeri de Narbonne, v.241) ; *Dunc dient li dolent Deus nes aime neient* (Ph. de Thaun, *Bestiaire*, v.142) ; *Je veu a Mahonmet je l'en ferai issir* (Bastart de Bouillon, v.1291). Adler (1975) donne également de nombreux exemples de propositions compléments d'objet sans *que* en ancien français, à l'indicatif et au subjonctif. Un de ses exemples les plus intéressants (tiré de Garin le Loherain, Adler 1975 : 12) montre que l'emploi et le non-emploi de *que* peuvent co-exister après le même verbe *cuidier* (régissant le plus souvent le subjonctif en ancien français) : *Vit son seignor devant l'autel gesir, cuida mors fust et que pas ne vesquist*. Cet exemple est particulièrement intéressant parce qu'il va à l'encontre de toutes les interprétations sémantico-pragmatiques qui voudraient voir une différence de sens entre l'emploi et le non-emploi de *que*. Un autre exemple, cette fois à l'indicatif, est tiré de la Chanson d'Aspremont 2089 : *Car il set bien damage li feront* (Adler 1975 : 38).

Parmi les exemples de l'ancien français, il faut distinguer entre les propositions au subjonctif avec ou sans *que* qui sont morphologiquement et sémantiquement subordonnées par rapport au verbe précédent, et les propositions à l'indicatif qui, dans les cas où elles ne sont pas introduites, ne portent aucune marque morphologique de la subordination, et qui sont réellement des propositions principales. Le verbe précédent forme dans ces cas-ci une proposition parenthétique ou fonctionne comme un MDP. Cette interprétation est valable pour les deux exemples cités par Togeby, tous deux comportant des verbes d'opinion à la première personne, comme pour l'exemple de Adler, avec le verbe *savoir*, cité ci-dessus. Il est cependant difficile de décider dans quel groupe il faut placer les exemples avec *cuidier* qui régit normalement le subjonctif en ancien français, de même que les autres verbes d'opinion et de croyance (*croire*, *penser*, *estre a vis* et *sembler*), qui sont des verbes parenthétiques en français moderne, si l'on exclut le sens de croyance religieuse. Il faut tenir compte du fait que le choix entre l'indicatif et le subjonctif en ancien français s'appuie beaucoup plus qu'en français moderne sur la sémantique ; le subjonctif serait employé pour indiquer la fausse croyance et l'indicatif pour la croyance réelle, ce qui expliquerait l'emploi de l'indicatif à la première personne du présent dans l'exemple de Togeby cité ci-dessus. Il est cependant également possible d'expliquer l'emploi de l'indicatif à la première personne comme un emploi parenthétique, tout à fait parallèle à l'emploi des MDP à la première personne en français moderne, tandis que le subjonctif des autres personnes correspond à l'emploi non parenthétique en français moderne.

4. LES MDP À LA PREMIÈRE PERSONNE

Dans les langues germaniques où le complémenteur (*that* en anglais, *dass* en allemand, *at* dans les langues scandinaves) est facultatif, l'emploi des MDP à la première personne comme *I think, I guess, I mean* n'est pas choquant, même à l'antéposition. Les MDP sont donc employés sans problème dans les trois positions principales possibles : devant, dans ou après la proposition à laquelle ils se rapportent. Or, en français où le complémenteur *que* est absolument obligatoire dans les complétives, l'antéposition choque plus car la construction ressemble alors à une complétive où *que* serait omis. Il n'en reste pas moins qu'en français aussi, les deux possibilités existent, celle des verbes d'opinion dans un rôle de verbe recteur régissant une proposition subordonnée et celle où le verbe d'opinion joue un rôle syntaxique subordonné par rapport à la proposition à laquelle il se rapporte et où on peut parler de MDP. Les locuteurs se servent de MDP, même antéposés, et à la première personne ; pour certains, cela se fait même consciemment. Dans ce qui suit sont présentés des exemples de MDP à la première personne en français parlé dans les trois positions qui sont distinguées dans cette étude.

1. *Je crois* :

a) *Antéposition :*

    (3)   oui : *je crois* on fait toutes le même constat eh... (Vieilles dames, 49, 9)

    (4)   / moi j'ai dû euh je sais *je crois* j'avais treize ans j'ai dû fumer un paquet en entier... (Anita, 9F-307)

b) *Interposition :*

    (5)   / ça faisait partie *je crois* de l'éducation / (Vieilles dames, 27, 11)

    (6)   ... à partir de l'année prochaine, ce sera – il y aura plus de vacances *je crois* dans l'année et moins euh : - - pendant l'é : pendant l'été *je crois* / (Cours d'anglais 212)

c) *Postposition :*

    (7)   / non mais qu'est-ce que c'est comme bois c'est ça du bois des îles *je crois*... (Maçon 25, 16)

2. *Je pense* :

a) *Antéposition :*

    (8)   / parce que l'anglais ça sera déjà une chose acquise disons ah ::: pas beaucoup mais enfin les les bases qu'elle aura – *j'pense* ça va lui servir pour l'an prochain... (Cours d'anglais 044)

    (9)   Déjà ça euh ça va s'voir dans les résultats – *je pense* ! (Cours d'anglais 110)

b) *Interposition :*

    (10)   / euh j'p peux te ' fin je peux. te répondre... sans. sans *je pense* me tromper . sans trop me tromper . que j'ai pas du s pas du tout souffert de euh de de ne pas . de ne pas retrouver mon quotidien... (Voyage 125)

c) *Postposition :*

    (11)   ... je crois que les gens qui ont fait du latin s'expriment beaucoup mieux que les autres . *je pense*... ce sont des littéraires en général s'ils s'ils accrochent... (Corpus Orleans file gra018.txt)

3. *Je trouve* :

a) *Antéposition :*

    (12)   / ben *je trouve* c'est un très très bon acteur... (Anita, 12F-073)

b) *Interposition* :

(13)   … l'orthographe *je trouve* y est pour beaucoup parce que y on on prend euh (…) euh quand on écrit … (KK 60-M1)

c) *Postposition* :

(14)   / elle aurait dû être dure au contraire *je trouve* – pour peut-être parce qu'elle a trop justement de passé mauvais --… (Vieilles dames, 99, 10)

(15)   / bon c'est pas… c'est pas très intéressant enfin ben ça n'apporte rien… *moi je trouve* / (Anita, F12-317)

Employés à la première personne du présent, les verbes parenthétiques ou verbes assertifs faibles (Hooper 1975) sont « faibles » dans le sens qu'ils ont un contenu sémantique réduit dans leur sens parenthétique et qu'ils ne constituent pas dans cet emploi une assertion indépendamment de la proposition principale. Ils ne font que décrire l'attitude du locuteur à propos de la vérité de la proposition assertée.

La subjectivité est un facteur important chez Urmson qui souligne l'emploi de la première personne du singulier, mais aussi le rôle pragmatique des verbes parenthétiques comme une sorte de marqueur modal, signalant la fiabilité de l'énoncé. On peut observer des différences d'emploi entre les deux situations auxquelles les locuteurs participent, car les MDP à la première personne sont plus fréquents dans les situations de discussion libre à plusieurs locuteurs, où on pourrait dire qu'il y a un besoin de « signer » l'énoncé ; dans les situations d'interview, les locuteurs se voient attribuer par définition la parole et ont moins besoin d'expliciter la subjectivité de leurs énoncés.

5. LES MDP À LA DEUXIÈME PERSONNE

Contrairement aux MDP à la première personne, ce type de marqueur discursif est communément accepté en français parlé. Ces marqueurs peuvent facilement être employés dans les trois positions indiquées pour les MDP à la première personne, et ils sont très fréquents dans les dialogues, que ce soit dans les interviews ou dans les dialogues plus libres. On peut observer également que certains locuteurs les utilisent très abondamment. On peut dire en général pour l'emploi des MDP à la deuxième personne que le locuteur quitte le cadre propositionnel pour communiquer une attitude relationnelle à son interlocuteur, pour faire appel à sa participation (passive) au dialogue.

5.1. *Tu sais/vous savez*[1]

La valeur lexico-sémantique de *tu sais* / *vous savez* semble indiquer que ce qui est dit fait partie de ce que sait l'interlocuteur, mais c'est plutôt l'opposé qui est le cas. Prototypiquement, ce MDP indique que le but du locuteur est de faire coopérer l'interlocuteur ou de lui faire accepter le contenu propositionnel de

---

1. Ces marqueurs alterneraient pour certains avec *sais-tu, vois-tu* (par ex. 23 ; 26, etc.). Or je n'ai pas trouvé d'exemples de ce type dans les corpus : ces formes à inversion appartiennent à mon avis au français écrit (cf. Andersen 1999b).

son énoncé comme un savoir commun. Il peut être employé afin d'attribuer des connaissances élémentaires partagées avec l'interlocuteur, en tant qu'instrument de prise de tour, comme une marque de politesse. La position initiale en début d'énonciation est principalement orientée vers l'interlocuteur.

En tant qu'instrument de prise de tour, à l'antéposition, *tu sais / vous savez* peut-être employé pour marquer le début d'un discours rapporté (cf. Andersen 1999a, 2002), comme c'est le cas dans l'exemple suivant :

(16)   … euh : il venait à la maison tout ça un jour ma mère je me lève le matin elle me dit *tu sais* – je veux pas que tu te maries avec Jeannot… (Vieilles dames 28, 5)

Dans l'exemple (17), nous avons affaire à un marqueur particulier, avec la négation : *tu sais pas.* Il ne s'agit toujours pas d'un cas de rection où la proposition suivante serait régie par le verbe antéposé, mais d'un marqueur plus fort que le simple *tu sais*, car la négation a une influence sur la direction de l'argumentation. Le marqueur *tu sais pa*s introduit ainsi dans le contexte ici un conseil, un ordre atténué. Il s'agit réellement d'un performatif, ce qui explique que *tu sais pas* ne semble possible qu'en antéposition[2] :

(17)   Alors F elle s'est trouvée à aller à des fiançailles alors elle elle dit *tu sais pas* M tu tu vas aller promener les trente filles avec le car . tu leur feras faire les châteaux de la Loire et tout ça (Corpus Orleans file t010.txt)

Tu sais peut également marquer l'introduction d'un nouveau thème, tout en signalant que l'intérêt de l'interlocuteur est présupposé (relation de connivence) :

(18)   … moi je voulais *tu sais* j'ai commencé à écrire un petit bouquin… (KK II/ 45-M4)

Il peut aussi servir à introduire une digression ou bien une nouvelle information, comme dans le dialogue suivant où *tu sais* fait partie d'une réponse à une question précise qui documente ouvertement le besoin d'information de l'interlocuteur :

(19)   – et c'est laquelle la danse à la mode actuellement ?
         – ben le jerk le takatchok là (je) (sais) (pas) … le kazatchok et le bop.
         – et le bop.
         – ah ? c'est quoi ça ?
         – ben c'est un rock *tu sais*. ben enfin c'est le rock quoi.
         – ah bon ? (Corpus Orleans file t016.txt)

C'est cette fonction de marqueur de changement de thème qui s'approche le plus de la fonction de marqueur d'hésitation où il y a également souvent une rupture dans la structure syntaxique de l'énoncé (Vincent 1993 : ponctuant d'hésitation, Östman 1981 : marqueur de pause, Gülich 1975 : signaux de structuration ou de progression du discours) :

(20)   … et te démerder pour qu'il y ait euh sur une autre phrase ou euh des euh à *t'sais* les mêmes sonorités mais… (Musique 130)

---

2. *C'est un rock, tu sais / *tu sais pas.*

Une autre fonction est celle d'anticiper un besoin d'explication, simultanément avec la fonction de politesse indiquée par la paraphrase « comme vous savez » qui crée une relation de connivence, s'adressant à la face positive de l'interlocuteur. C'est le cas des exemples suivants où le MDP est interposé, soit après la conjonction de subordination, entre le noyau du syntagme nominal et son épithète sous forme de proposition relative, soit devant un adverbial de manière. Ainsi, *tu sais/vous savez* apparaît souvent entre la partie thématique et la partie rhématique de l'énoncé, ainsi que Erman l'a montré pour *you know* :

(21)   … parce que *vous savez* à Paris y a des salles d'(audi-) stéréo… (Anita 5M-491)

(22)   / nous ça va bien qu'on a un fournisseur *vous savez* qui nous en donnera un peu… (Maçon 17, 1)

(23)   tous ces gens . il y a beaucoup *tu sais* qui vivent comme nous hein il y en a pas tellement ici à Orléans (Corpus Orleans file t151.txt)

À la position finale *tu sais/vous savez* peut avoir le sens d'appel à l'accord ou à la compréhension de l'interlocuteur. Il s'agit là souvent de souligner le rapport de connivence et d'intercompréhension (politesse positive) :

(24)   on l'a bien feuilleté hein il y en a des mieux *tu sais* (Corpus Orleans file t006.txt)

(25)   où se trouve-t-il à la maison ? oh il est là il doit être là ah non le voilà mais j'ai fait du rangement *tu sais* là. (Corpus Orleans file t016.txt)

5.2. *Tu vois/vous voyez*

Tu vois/vous voyez peut introduire ou terminer une information nouvelle, ainsi que le signale Erman. Ce MDP a donc un caractère explicatif par rapport au contexte :

(26)   … maintenant ça ne me gêne pas du tout… *tu vois* je l'ai j'la connais très bien… (KK-97-W2)

(27)   … et ben par exemple *tu vois* – pour pour la soirée d'casino qu'on a fait tu sais § mm § on a fait une soirée c'était comme les jeux d'casino… (Colonie de vacances 073)

L'exemple suivant montre une suite de postpositions de *tu vois*, qui ont tous, sauf *tu vois*(3), la fonction de ponctuants apparaissant à la fin des propositions, marquant la fin de chaque unité discursive, alors que *tu vois*(3) marque le début d'une parenthèse[3] sur les moyens employés pour faire couler du « sang » :

(28)   … et à un moment y'a une sœur qui qui qui v qui va prier *tu vois*(1) et l'curé arrive et commence à lui à lui il donne des bons coups d'couteau et tout *tu vois*(2) et à c'moment-là *tu vois*(3) on avait planqué un un espèce de foie *tu vois*(4) et plus des abats atroces *tu vois*(5) (c'est ça qu'était le pied) § hah § alors elle elle avait du ketchup dans la bouche et tout alors elle crache du ketchup sut tout l'monde devant *tu vois*(6) § hah § lui il prend le truc *tu vois*(7) il fait semblant de lui arracher puis il le balance dans la salle *tu vois*(8)… (Colonie de vacances 051)

---

3. Il s'agit ici d'une intonation montante, à la différence de *tu vois* (4).

L'interposition de *tu vois/vous voyez* semble plus libre que celle de *tu sais/ vous savez*. Dans l'exemple suivant *tu vois* est placé entre un adverbial de temps antéposé et le reste de la proposition :

(29)   ... alors au début *tu vois* le la la pièce était ça... (Colonie de vacances 027)

Mais il peut aussi apparaître entre le prédicat du sujet et le sujet logique :

(30)   ... moi je trouve ça vraiment beau *tu vois* d'être avec quelqu'un comme ça... (Discussion sur l'amour)

Et il peut même se glisser à l'intérieur d'un syntagme nominal :

(31)   ... qui vois-je sur le le parcours du chemin *tu vois* de Pen-er-Houët à... (Colonie de vacances 153)

Si l'on revient à la très fréquente postposition, il s'agit souvent de l'élaboration d'une description par des approfondissements, ce qui rejoint l'idée de Erman selon laquelle *you see* introduit ou termine une information nouvelle de caractère explicatif :

(32)   ... moi j'j'faisais le le narrateur j'assurais pas du tout *tu vois* parce que c'était hyper-dur à raconter... (Colonie de vacances 058)

Du point de vue sémantique, le sens premier du verbe *voir* est la description d'une perception par les yeux, mais selon les contextes il peut aussi avoir le sens d'une compréhension intellectuelle. Or, *tu vois / vous voyez* est employé le plus souvent dans le sens de comprendre ou de suivre une réflexion ; le locuteur essaye de s'assurer que l'interlocuteur le suit, mais l'emploi de la locution est souvent tellement fréquent que la signification ne peut être que davantage affaiblie et que ce qui reste est avant tout la fonction d'appel général à la deuxième personne :

(33)   ... des bouts de musique atroces et tout § qui font peur § qui font hyper-peur *tu vois* alors au début *tu vois* le la la pièce était ça *tu vois* ça commençait y'avait on on avait pris une grosse citrouille on l'avait complètement – vidée *tu vois* § mm § on avait mis mis une chandelle à l'intérieur elle se baladait puis elle tournait avec une une musique pas possible derrière *tu vois* déjà euh l'ambiance était / (Colonie de vacances 027)

Dans les cas où *tu vois/vous voyez* est posé comme une véritable question, *voir* peut reprendre son sens premier de la perception par les yeux ; il s'agit comme dans l'exemple suivant pour le locuteur de s'assurer que l'interlocutrice se souvient des locaux de la colonie de vacances, qu'elle se les représente clairement dans sa tête, et il insiste jusqu'à ce qu'il obtienne sa réponse :

(34)   / alors imagine tu t'rappelles *tu vois* la salle où on f'sait les boums avec la scène – *tu vois ?* tu la *voyais* cette scène ? § bien sûr hein § bon alors... (Colonie de vacances 019)

Cependant, le fait que *tu vois/vous voyez* soit posé comme une véritable question ne veut pas nécessairement dire qu'il s'agisse du sens premier de *voir* ; dans l'exemple suivant, le locuteur veut s'assurer de la compréhension de l'interlocuteur, et ainsi, *tu vois* est paraphrasé par *tu vois ce que je veux dire* :

(35)   ... c'est pas des trucs poétiques
        – ouais euh c't'à-dire

> – tu vois ?
> – ouais
> – dans une chanson j'veux dire *tu vois c'que j'veux dire* ?
> – ouais mais euh… (Musique 102)

Contrairement à ce qui semble être le cas en anglais, où selon Erman toute réaction verbale de la part de l'interlocuteur est absente dans le cas de *you see*, on peut observer que *tu vois/vous voyez* est une proposition parenthétique qui est souvent suivie par une réaction verbale de la part de l'interlocuteur. C'est ce qui est le cas dans l'exemple suivant :

(36) – mais là c'est euh là vraiment on – c'est un peu noirâtre enfin *tu vois* c'est
      – ouais
      – on vit un un moment pas vraiment agréable / (Follic 160)

À l'impératif, *voyez* a la même signification et dispose des mêmes possibilités d'emploi que les deux formes à l'indicatif, mais semble être un peu plus employé par les locuteurs d'un certain âge. On peut observer dans les corpus d'Aix que *voyez* n'apparaît que dans "Vieilles dames" et "Maçon" dont les locuteurs ont plus de cinquante ans.

5.3. *Tu comprends / vous comprenez*

Le verbe *comprendre* peut apparaître dans une proposition parenthétique à la deuxième personne du présent de l'indicatif, à la forme affirmative, tout comme nous l'avons vu pour les verbes *savoir* et *voir*. Il faut cependant noter que par rapport aux propositions parenthétiques de ces deux verbes, *tu comprends/vous comprenez* est beaucoup moins employé.

Antéposé, *comprendre* peut avoir pour fonction d'introduire une information nouvelle :

(37) / *tu comprends* (je :, j'ai :) le recul que j'ai c'est : - … (Chef opérateur, 33, 8)

De manière parallèle, il peut, à la postposition, marquer la fin d'une unité d'information :

(38) / au bas du mur alors ça c'est . un problème moi je j'ai pris là-dessus *vous comprenez* je (XXX, j'ai pas) … (Maçon 42, 10)

Pour ce qui est des critères sémantiques, il n'est pas possible dans le cas de *comprendre* de parler de deux significations selon les emplois, mais bien d'un certain affaiblissement sémantique quand il s'agit du MDP. Le test de la pronominalisation montre la subordination syntaxique de *tu comprends/vous comprenez* par rapport à la proposition principale ; tandis que l'emploi plein de *comprendre* permet une pronominalisation avec *le*, ainsi que le montre le premier des deux exemples suivants ; son emploi comme MDP, qui est exemplifié par le second des extraits, admet la même zéro-pronominalisation que celle des verbes d'opinion à l'emploi parenthétique :

(39) … j'veux dire sept cent quatre vingt *vous comprenez bien qu*'ils sont pas là uniquement pour… (Apostrophes 149) → vous le comprenez bien ? ; je le comprends

(40)　　/ c'est ça le le drame *vous comprenez* c'est c'est pas de faire la clôture c'est rien mais... (Maçon, 16, 12) → vous comprenez ? ; je comprends

6. MDP À L'IMPÉRATIF

Des verbes comme *regarder, écouter, remarquer, attendre* et *dire*, peuvent tous faire partie d'un MDP à l'impératif. De Cornulier parle à ce propos d'incises impératives (qui sont une sous-catégorie des incises non-déclaratives) : *mettons, rappelons-nous ; comprenez, remarquez, dites ; soyez certain(s).* Dans cet emploi où ils sont grammaticalisés comme des MDP, ils apparaissent uniquement au présent et la négation est exclue en dehors d'une structure avec complétive.

La fonction syntaxique MDP à l'impératif est celle d'un adverbial dont le choix de position est, dans la plupart des cas, limité ; c'est l'antéposition qui est clairement la plus fréquente, tandis que l'interposition n'est pas représentée dans mes corpus. Il semble que la fonction de l'impératif est d'attirer l'attention de l'interlocuteur sur ce qui suit, ce qui explique peut-être la fréquence de l'antéposition. Il peut s'agir soit d'un nouveau locuteur qui veut attirer l'attention sur ce qu'il dit, comme c'est le cas dans les exemples suivants :

(41)　　/ m m *remarque* c'était avec toi qu'ils étaient passés à Carnac et puis ils en (a) fait soixante-dix / (Colonie de vacances 110)

(42)　　/ *remarque* tu me diras c'est même quand c'est des hommes politiques il y a toujours un jeu de comédien... (Chef opérateur, 3, 5)

(43)　　/ *regarde écoute écoute* les rimes de de de Jean-Luc euh c'que t'as fait tout à l'heure – dans ta bande c'était quoi ? / (Musique 118)

(44)　　/ oh *dites* c'est sensationnel hè ce coin XXX... (Maçon 63, 7)

ou qui veut couper l'interlocuteur ou bien l'empêcher de couper :

(45)　　... je me suis dit oh la la la non je je le fais pas § mais Sophie § *attends attends* – donc euh j'suis arrivée au village de Sainte barbe... (Colonie de vacances 126)

Il peut également s'agir de l'introduction d'un nouveau thème :

(46)　　/ ah ça fait ça fait l'vendredi – *remarque* si i euh ça c'est euh – souvent aussi euh : ils font ça c'est pour euh pour une une remise en route c'est-à-dire que : ils sacrifient plus ou moins le :: le vendredi – c'est pour euh... (Cours d'anglais 207)

7. MDP À LA TROISIÈME PERSONNE (INQUIT) ?

Le rapport de dépendance syntaxique et sémantique entre le verbe de citation et le discours rapporté direct ou indirect a été beaucoup discuté (Urmson 1949, Banfield 1973, Blanche-Benveniste 1997). Selon la grammaire traditionnelle, le verbe de citation est un verbe recteur, et la proposition suivante, introduite ou pas, en est le complément : le discours rapporté postposé constituerait ainsi toujours une proposition subordonnée. Inversement, quand le verbe de citation est postposé, il devient, toujours selon la grammaire traditionnelle, parenthétique et apparaît en incise, ce qui fait du discours rapporté antéposé (direct ou indirect libre) une proposition indépendante.

Dans les cas d'introduction d'un discours direct, le verbe de citation apparaît à mon avis en incise (cf. Urmson 1949, Andersen 1999a, 2002) comme les MDP. Il s'agit ainsi d'un marqueur de discours, mais un marqueur qui annonce le plus souvent l'appartenance de ce discours à un autre. Par rapport aux MDP à la première et à la deuxième personne, le verbe de l'inquit est syntaxiquement beaucoup moins figé : les verbes de citation apparaissent à toutes les personnes sans changement de sens, et acceptent tous les temps verbaux, la négation et la présence d'adverbes sans que leur relation sémantique ou syntaxique par rapport à la citation change.

Ainsi, bien que les verbes de citation ne soient pas des verbes aussi figés que les verbes d'opinion dans leur emploi parenthétique, il y a des points importants en commun entre les deux groupes de verbes : les verbes d'opinion et les verbes de citation constituent la référence (facultative) d'une proposition donnée en indiquant qui en est responsable (son auteur). Le verbe de citation peut être remplacé par un adverbe d'évidentialité tout comme c'est le cas des verbes d'opinion :

je pense – selon moi – à mon avis
Laure dit – selon Laure – de l'avis de Laure

Les trois groupes de verbes disposent d'un emploi en incise où ils fonctionnent syntaxiquement comme des adverbiaux, et d'un emploi comme verbe recteur.

8. LA NOTION DE PARENTHÉCITÉ : LEXIQUE OU FONCTION ?

Selon la définition de Urmson (1949), la parenthécité est un phénomène de réalisation grammaticale, ce qui signifie qu'il s'agit d'un certain *emploi* de ces verbes ; leur nature ou leur sémantisme n'est pas parenthétique. Il est intéressant de noter que la distinction entre un emploi « plein » ou un sens « premier » et un emploi parenthétique correspond à la distinction entre rection forte et rection faible de Blanche-Benveniste et donc à la distinction entre deux types de complétives. Prenant pour exemple le verbe *to suppose* en anglais, Urmson note qu'on peut dire, sans changement de sens :

I suppose that your house is very old.
Your house is, I suppose, very old.
Your house is very old, I suppose.

On peut argumenter que certains verbes sont des verbes parenthétiques prototypiques, ainsi que les assertifs faibles : *think, believe, suppose, expect, imagine, guess, seem, appear, figure* (Hooper 1975 : 92). Ce sont des verbes qui comportent deux lectures, d'un côté une lecture non parenthétique et de l'autre une lecture parenthétique qui consiste à prévenir l'interlocuteur que le locuteur affirme la vérité de la proposition complément, sans pourtant être absolument sûr de sa vérité.

Les verbes assertifs sont transparents pour ce qui est des opérations syntaxiques et sémantiques comme par exemple la négation (Hooper 1975). Ainsi, un verbe assertif faible peut être nié simplement par la présence d'une négation dans la proposition principale (negRaising). Or, en français, il est difficile de parler d'emploi parenthétique avec la négation, car il s'agit alors le plus souvent d'une rection forte[4], ce que l'emploi possible du subjonctif semble prouver.

De Cornulier établit une division en incises déclaratives et non-déclaratives, en opérant une sous-catégorisation selon leur construction grammaticale. Les incises modales *déclaratives* sont des types suivants : *je vous assure, je crois, j'espère, je pense, je suppose, on dirait, j'ai l'impression, il paraît, il (Ø / me) semble, il va de soi, je suis certain, il est probable* et *il est vrai*.

Bien que la notion de « verbe parenthétique » soit courante, il s'avère après une étude plus détaillée qu'aucun linguiste ne prétend pouvoir établir une classe lexicale de verbes parenthétiques. Même avec des définitions de verbes assertifs faibles, des recteurs faibles ou des modalisateurs d'assertion renvoyant à la croyance, il faut souligner qu'il s'agit d'un emploi ou d'une lecture particulière des verbes en question.

9. CONCLUSION : FONCTIONS ET GENRE

Les fonctions les plus importantes des MDP sont :

– une fonction de structuration du discours aux niveaux syntaxique, thématique et discursif, ce qui implique une forte désémantisation par rapport à la signification du départ ;

– une fonction phatique qui peut être la recherche d'approbation discursive, la marque de politesse ou de camaraderie ;

– une fonction d'instrument de prise de tour.

Selon que les linguistes se focalisent sur la fonction de structuration ou sur la fonction phatique, ils optent pour une perte plus ou moins complète du contenu lexical (Gülich, Vincent) du départ ou seulement pour une réduction de ce contenu (Östman, Erman). Il reste cependant dans chacune des expressions traitées une partie du sémantisme de départ, et à ce propos on peut ajouter qu'il s'agit essentiellement de verbes de perception (*voir, regarder, écouter, remarquer*) ou de connaissance (*savoir, comprendre*). Il ne s'agit pas d'un groupe de verbes complètement désémantisés, mais le sens lexical dépend beaucoup du contexte dans lequel ils apparaissent.

---

4. Nous avons pourtant pu constater qu'il existe un marqueur *tu sais pas* (cf. exemple 17). Bien qu'il y ait ici présence de la négation, il ne s'agit pas d'une relation de rection.

La fonction principale de MDP est sans doute celui d'aider le locuteur à diviser son message en unités d'information et en même temps d'aider l'interlocuteur dans le processus de décodage de ces unités d'information (Vincent 1993, Erman 1987, 2001).

En français, les MDP à la première personne sont normalement seulement acceptés dans la position classique de l'incise, c'est-à-dire l'interposition et la postposition. À l'antéposition, comme il est difficile en français normatif (écrit) de faire suivre un verbe fini par une proposition non introduite, quel que soit le rapport syntaxique et sémantique entre les deux propositions, la structure est fortement déconseillée. Les verbes d'opinion à la première personne sont donc très souvent suivis par un *que* (éventuellement affaibli) et on parle alors d'un emploi parenthétique ou de rection faible, là où le verbe n'a pas son sens sémantique plein, mais plutôt la même fonction que celle qu'il a en incise. Or l'emploi de *je crois, je pense* et *je trouve* existe en tant que MDP proprement dit et ceci est un emploi parallèle à l'emploi comme verbe recteur, qui existe depuis l'ancien français.

Bibliographie

ADLER, A. (1975), « Lat. *quin* und *ne* und die konjunktionslose Hypotaxe im Altfranzösischen », *in* : *Neue Beiträge zur Romanischen Etymologie*, éd. H. Meier, Heidelberg, Winter, pp. 7-51.

ANDERSEN, H. L. (1996), « Verbes parenthétiques comme marqueurs discursifs », dans : Muller, C. (éd.), *Dépendance et intégration syntaxique : subordination, coordination, connexion*, Tübingen, Niemeyer, pp. 307–315.

ANDERSEN, H. L. (1997), *Les propositions parenthétiques en français parlé*, Thèse de Ph.D., Université de Copenhague, non publiée.

ANDERSEN, H. L. (1999a), « Discours direct en français parlé », dans : Boysen, G. et Moestrup, J. (éds), *Études de linguistique et de littérature dédiées à Morten Nøjgaard*, Odense, Odense University Press, pp. 15-31.

ANDERSEN, H. L. (1999b), « Subjektets plads i ikke-spørgende sætninger på spontant talt fransk », *Ny Forskning i Grammatik, Fællespublikation*, 6, pp. 23-39.

ANDERSEN, H. L. (2002), « Le choix entre discours direct et discours indirect en français parlé : facteurs syntaxiques (et pragmatiques) », *Faits de langue*, 19, pp. 201-210.

BANFIELD, A. (1982), *Unspeakable sentences narration and representation in the language of fiction*, London, Routledge & Kegan Paul.

BENVENISTE, E. (1958), « De la subjectivité dans le langage » (*Journal de Psychologie*, juil.–sept., PUF), dans : *Problèmes de linguistique générale*, 1965, 2ᵉ éd., Paris, Gallimard, pp. 258-266.

BLANCHE-BENVENISTE, C. (1989), « Constructions verbales "en incise" et rection faible des verbes », *Recherches sur le français parlé*, 9, pp. 53-74.

BOONE, A. (1994), « La complétive : un cas de nominalisation externe ? » in *Travaux de Linguistique*, 27 : *La subordination*, Bruxelles, Duculot, pp. 29-42.

DE CORNULIER, B. (1978), « L'incise, la classe des verbes parenthétiques et le signe mimique », dans : *Cahier de linguistique*, 8 : *Syntaxe et sémantique du français*, Montréal, Presses de l'Université du Québec, pp. 53-95.

ELSNESS, J. (1984), « That or zero? A look at the choice of object clause connective in a corpus of American English », *English Studies. A Journal of English Language and Literature*, 65, pp. 519-133.

ERMAN, B. (1987), *Pragmatic Expressions in English, A Study of « You know », « You see » and « I mean » in Face-to-face Conversation*, Stockholm.

ERMAN, B. (2001), « Pragmatic markers revisited with a focus on *you know* in adult and adolescent talk », *Journal of Pragmatics*, 33, pp. 1337-1359.

GÜLICH, E. (1970), *Makrosyntax der Gliederungssignale im gesprochenen Französisch*, München, Fink.

HALLIDAY, M.A.K. (1985), *An Introduction to Functional Grammar*, London, Arnold.

HOOPER, J. B. (1975), « On assertive predicates », dans : *Syntax and Semantics*, vol. 4, ed. John P. Kimball, New York, San Francisco, London, Academic Press, pp. 91-124.

NOONAN, M. (1985), « Complementation » dans : *Language typology and syntactic description*, vol. II, *Complex constructions*, éd. par Timothy Shopen, Cambridge, Cambridge University Press, pp. 42-140.

NYROP, K. (1930), *Grammaire historique de la langue française*, Copenhague, Nordisk Forlag.

NØLKE, H. (2001), *Le regard du locuteur 2. Pour une linguistique des traces énonciatives*, Paris, Kimé.

RUSIECKI, J. (1971), *Front-placed Clauses and Parenthetic Clauses in Present-day English*, Warszawa, Uniwsytetu Warszawskiego.

THOMPSON, S. A. & MULAC, A. (1991), « The discourse conditions for the use of the complementizer *that* in conversational English », *Journal of Pragmatics*, 15, pp. 237-251.

TOGEBY, K. (1974), *Précis historique de la langue française*, Copenhague, Akademisk Forlag.

TRAUGOTT, E. C. (1995), « Subjectification in grammaticalisation », dans : Stein, D. et Wright, S. (éds), *Subjectivity and subjectivisation*, Cambridge, Cambridge University Press, pp. 31-54.

URMSON, J. O. (1963), « Parenthetical Verbs» (1949), dans : Caton, C. E. (éd.), *Philosophy and Ordinary Language*, Urbana, University of Illinois Press, pp. 220-246.

VINCENT, D. (1993), *Les ponctuants de la langue et autres mots du discours*, Québec, Nuit Blanche.

ÖSTMAN, J.-O. (1981), You know : *A discourse-functional approach*, Amsterdam, Benjamins.

Corpus [5]

KK, Corpus Kotschi ; « Gespräch über Sprachnormen », une discussion entre 9 personnes (73 min.), enregistré à Paris 1982 par Achim Haag, Freie Universität Berlin.

Anita, « Corpus de français parisien » ; un ensemble d'interviews et d'entretiens libres (env. 23 heures) enregistré à Paris 1989, par Anita Berit Hansen de l'Université de Copenhague pour son mémoire de maîtrise : *Analyse sociolinguistique de deux évolutions linguistiques dans le français parlé à Paris : la stabilisation du « e caduc » interconsonantique et l'apparition d'un [ə] final*, non-publié, Université de Copenhague, 1990.

Corpus du GARS, Université de Provence :

Maçon, Corpus Maçon (40 minutes), deux locuteurs, enregistrés en octobre 1984 par Paul Cappeau.

Vieilles dames, Corpus Vieilles dames (50 minutes), sept locutrices, enregistrées en 1983 par Baralier. Les locutrices ont entre 45 et environ 60 ans.

Chef opérateur, Corpus Chef opérateur (90 minutes), interview faite en novembre 1989 par Andrée Reumaux.

Corpus de Paris III, La Sorbonne Nouvelle :

Colonies de vacances, La colonie de vacances (19 minutes) ; débat entre deux personnes, enregistré par Catherine Colovou.

Apostrophes, Corpus Farida (17 minutes) ; l'émission « Apostrophes » du 3 janvier 1986.

Discussion sur l'amour ; discussion entre trois locuteurs, enregistrée par Kyriaki Ketséa et Eugénia Marcopoulou, transcription publiée in Corpus *oraux transcrits avec courbes intonatives*, Université de Paris III, Sorbonne Nouvelle, année 1992-1993 (pp. 95-133).

Musique, Corpus Lafargue ; conversation (20 minutes) à bâtons rompus entre 3 personnes, enregistrée en décembre 1986 par Patrick Lafargue.

Follic, Corpus Le Follic (23 minutes) ; enregistrement effectué par Judith Le Follic.

Cours d'anglais, entretien entre trois personnes enregistré par Christiane Stankiewicz en janvier 1986.

---

5. Les exemples sont reproduits avec le système de transcription utilisé pour chaque corpus dans sa version originale.

Claus D. Pusch
Albert-Ludwigs-Universität, Fribourg-en-Brisgau, Allemagne

Faut dire : variation et sens d'un marqueur parenthétique entre connectivité et (inter)subjectivité

I. INTRODUCTION

Depuis le début des recherches sur les marqueurs discursifs (MD), on a classifié sous cette enseigne des éléments assez hétérogènes provenant de catégories grammaticales diverses[1]. Si un grand nombre de MD sont issus d'éléments qui pourraient être classifiés comme adverbiaux, il y a aussi des MD – en nombre nettement plus modeste – dont l'origine est nominale ou verbale. Parmi les verbes susceptibles de développer des usages de MD, les *verba dicendi* et les *verba sentiendi*, c'est-à-dire les verbes du dire, de l'apercevoir et du savoir, constituent des groupes sémantiques de prédilection. Leur tendance, pour ne pas dire leur prédestination, à développer des usages de MD s'explique facilement par le fait que les MD, en tant que marqueurs pragmatiques, font généralement appel à une situation d'interlocution en explicitant ou en commentant sur les relations qui existent entre le locuteur, son interlocuteur et le contenu propositionnel de l'échange communicatif. Les connaissances partagées par les interlocuteurs, les éléments du savoir non partagés et introduits dans le discours au fur et à mesure que se développe la dynamique communicative, et les évaluations modalisantes portées à ce réseau de connaissances et manifestations mutuelles constituent autant de points d'appui pour l'insertion de MD. Il faut se rappeler qu'une des fonctions de base des MD est justement celle de porteurs du sens subjectif/intersubjectif (cf. l'introduction au présent volume) qui existe, au-delà et en parallèle au sens propositionnel, dans tout échange communicatif naturel et spontané.

---

1. Je remercie Gaétane Dostie et deux relecteurs de la revue *Langue Française* de leurs commentaires lucides et très pertinents sur une version antérieure de cet article. Évidemment, je prends entièrement en charge d'éventuelles fautes ou interprétations erronées dans le texte ci-publié.

Parmi les *verba dicendi*, c'est le verbe *dire* lui-même qui s'avère particulièrement prolifique en usages de MD. Ainsi, G. Dostie (2004 : 67), dans une liste des MD déverbaux du français, dénombre un total de 24 formes ou locutions comprenant le verbe *dire* auxquelles peut être attribué le statut de MD. Cet éventail comprend aussi bien des structures mono- ou bi-morphématiques telles *dis*, *disons* ou *dis donc*, que des formes plurimorphématiques élaborées à caractère phrastique telles que *tu m'en diras tant* ou *c'est le cas de le dire*. Selon l'inventaire de Dostie, *dire* est le verbe qui fait preuve du plus grand nombre d'usages assimilables à un MD, suivi par le *verbum sentiendi savoir* avec 16 emplois identifiés comme MD. Évidemment, ces formes du verbe *dire* utilisées comme MD n'ont pas toutes la même fréquence et ne sont pas nécessairement usuelles dans toutes les variétés du français. Parmi les formes de *dire* en fonction de MD particulièrement courantes, on peut mentionner surtout les trois suivantes : la forme injonctive-impérative suivie de l'adverbe *donc*, ce qui donne le marqueur *dis donc* (cf. Dostie 2004 : 81 ss.), la forme injonctive-hortative à la 1e personne du pluriel *disons (que)* et la forme conditionnelle à la 1e personne du singulier *je dirais (que)*, dont voici des exemples tirés de corpus oraux[2] :

(1)   A : pour les enfants c'était plutôt l'événement
        B : oui la guerre pour nous *dis donc* ça a été ça surtout au début de la guerre
        A : oui
        B : c'était l'événement c'était l'événement de rencontrer beaucoup de monde (corpus BEECHING)

(2)   Les choses se tiennent hein *disons* qu'on a bénéficié de conditions de vie euh : agréables parce que justement c'étaient des petites villes (corpus CREDIF)

(3)   Noël c'est . on dit Noël c'est la fête des amoureux . c'est vrai itou . *disons* c'est . c'est plus chaud Noël . pis au jour de l'an ben . c'est la fête des . *je dirais* c'est la fête des retrouvailles . des vieux amis qu'on avait pas vus là . salut comment ça va han . moé j'ai . je vois ça un peu comme ça (corpus ESTRIE)

Cependant, la liste de Dostie (2004) ne contient pas le MD qui sera l'objet de la présente étude, à savoir l'infinitif *dire* précédé du verbe impersonnel *falloir*, ce qui mène à la forme *(il) faut dire*. Dans la suite de cet article, on analysera d'abord la distribution de cette structure assimilable à un MD et sa variation morphosyntaxique dans différents corpus du français (paragraphe 2). Ensuite, une étude qualitative de certaines occurrences relevées dans les corpus permettra de décrire l'éventail des valeurs sémantiques et sémantico-pragmatiques que couvre la tournure *(il) faut dire (que)* dans ses différents emplois discursifs ; on y traitera en même temps la question de savoir si *faut dire* est à ranger dans la catégorie des MD ou bien dans celle des connecteurs textuels (CT), ou bien dans les deux (paragraphe 3).

---

2. Dans les exemples tirés des différents corpus oraux, tous transcrits orthographiquement, les conventions et les « trucages » orthographiques n'ont pas été modifiés ; par contre, la notation d'éléments suprasegmentaux et paraverbaux, vu la multitude de conventions divergentes, a été simplifiée en maintenant cependant l'indication de pauses prolongées (marquées par le point) et la prononciation prolongée de syllabes (marquée par « : »). Comme tous les corpus utilisés sont publiquement disponibles, un retour aux transcriptions originales est toujours possible.

2. APPROCHE DISTRIBUTIONNELLE ET QUANTITATIVE DE *FAUT DIRE* EN FRANÇAIS PARLÉ

Les MD étant un trait caractéristique qui apparaît, de par sa dimension pragmatique interlocutive, surtout dans le langage oral, les corpus suivants du français parlé européen et nord-américain ont été dépouillés de manière exhaustive :

– pour le français européen (de France et, marginalement, de Belgique) : le corpus ELILAP (De Kock *et al.* 1980 –), qui contient plusieurs sous-corpus dont une partie du Corpus d'Orléans des années 1960 et s'étend sur environ 1 million de mots (cf. Pusch 2002 pour une caractérisation plus détaillée de ce corpus) ; le corpus CREDIF (Martins-Baltar *et al.* 1989), corpus d'interviews semi-dirigés d'environ 270 000 mots constitué dans les années 1980 ; le corpus BEECHING (Beeching 1988 –), composé aussi d'interviews (150 000 mots) ; le CRFP – Corpus de Référence du Français Parlé (DELIC 2002 –) – dans sa version actuellement disponible sur internet (440 000 mots) ; et finalement la composante française du corpus C-ORAL-ROM (Cresti/Moneglia 2005), contenant des textes de conversation libre, de 300 000 mots ;

– pour le français américain : le corpus ESTRIE (Beauchemin/Martel/Théorêt 1973-81) recueilli dans le Sud-Est du Québec, corpus d'interviews semi-dirigés de 270 000 mots ; et trois corpus du français acadien de la province canadienne du Nouveau-Brunswick et de la Louisiane (États-Unis), qui font au total 225 000 mots.

Signalons d'emblée que la structure qui nous intéresse était pratiquement inexistante dans les corpus acadiens et que les quelques occurrences qui s'y trouvaient s'avéraient douteuses, de sorte que les données acadiennes ont été écartées de l'analyse qui suit.

La consultation des corpus (d'environ 2,5 millions de mots au total) avec les logiciels de recherche correspondants – concordanciers autonomes ou outils de requête intégrés pour les corpus en ligne – fournit 106 occurrences de *(il) faut dire*, dont 7 dans le corpus québécois ESTRIE. Avec approximativement 0,4 occurrences par 1 000 mots de corpus (ou, autrement dit, une occurrence tous les 2 500 mots), la tournure n'est pas très fréquente et elle est deux fois plus fréquente dans les corpus BEECHING et CREDIF (de taille plutôt réduite) que dans les autres corpus européens.

Il va sans dire que le corpus d'étude de 106 occurrences de *(il) faut dire* ainsi constitué ne contient pas uniquement des cas où la tournure fonctionne comme MD. Le verbe *falloir* exprime, en français moderne, un besoin ou une nécessité, domaine sémantique souvent associé à la modalité déontique, mais aussi à ce qu'on appelle « la modalité radicale » (*root modality*). Ainsi, dans (4) *falloir* exprime une nécessité radicale (un besoin physique) tandis que (5) représente le cas d'une nécessité déontique (un besoin de s'engager dans un état de choses ; cf. van der Auwera/Plungian 1998 et Kriegel/Michaelis/Pfänder 2003 pour la typologie de la modalité reprise ici de façon simplifiée) :

(4)　A : voulez-vous manger avec nous ?
　　　B : oh non je ne veux pas vous :

C : ah ! mais si vous voulez hein
B : ah ! non non je ne voulais pas vous demander ça [rire]
C : avec plaisir hein !
B : de toute façon *il faut que* je mange ce soir [incompréhensible]
A : ben oui je sais bien m'enfin (corpus CREDIF)

(5)   écoutez-moi je je dis qu'une chose que au point de vue sanitaire de : si veut on veut avoir quelques on veut être sains *il faut qu'*on mange sain (corpus CREDIF)

Cet usage modal impersonnel du verbe *falloir* en français moderne est le stade final d'un changement sémantique et syntaxique (actanciel) entamé en ancien français où le verbe *faillir* signifiait « manquer à, faire défaut », mais aussi « s'arrêter » et « manquer = ne pas exister ». *Faillir* codait l'objet du manque comme sujet, tandis que le verbe *falloir* moderne code l'objet de la nécessité comme complément d'objet direct (cf. Koch 2002 pour une analyse détaillée). Il faut donc s'attendre à trouver, parmi les 106 exemples de (*il*) *faut dire* du corpus de travail, un certain nombre d'occurrences qui expriment une modalité radicale ou une modalité déontique, incompatibles avec l'usage comme MD ; un tel usage renverrait au jugement du locuteur et au niveau pragmatique de l'échange communicatif et serait donc nécessairement associé à la modalité épistémique (Kriegel/Michaelis/Pfänder 2003 : 169).

Afin de séparer les différentes valeurs modales de la tournure (*il*) *faut dire*, ou bien on entame une analyse formelle pour voir si la structure morphologique et syntaxique indique ou reflète ces différences de modalité, ou bien on se sert d'une approche sémantique qui évalue le sens des occurrences en question dans leur contexte. La première approche a l'avantage de se baser sur des critères morphosyntaxiques de surface, relativement incontestables, tandis que la deuxième approche est nécessairement interprétative et moins objective. Malgré cet inconvénient, un premier tri des données a été effectué sur une telle base interprétative pour voir, dans un deuxième temps, si la variation morphosyntaxique peut en fournir des éléments de confirmation. Ainsi, si (*il*) *faut dire* exprimait un besoin physique – peu probable avec le verbe *dire* – ou une nécessité morale ou sociale dictée par des circonstances extérieures – beaucoup plus plausible – (= valeur radicale, ex. (6)), ou enfin si (*il*) *faut dire* n'était clairement interprétable que comme exhortation ou admonition (= valeur déontique, ex. (7)), l'exemple était classifié comme non pertinent au groupe des (*il*) *faut dire* en fonction de MD. Ce dernier groupe est donc constitué par les occurrences où l'interprétation épistémique s'impose de manière suffisante, comme dans (8) :

(6)   bon bien si vous êtes en train de servir euh alors *faut dire* madame il y en a pas pour longtemps (corpus ELILAP/Orléans, t009)

(7)   il savait pas il savait pas conduire quoi *faut dire* les choses claires et nettes (corpus CRFP)

(8)   d'ailleurs à Orléans puisqu'on parle beaucoup des loisirs *il faut dire qu'*à Orléans euh c'est assez c'est assez réduit hein il n'y a pas ces cette activité que l'on rencontre dans les dans les villes de province euh disons d'une importance équivalente (corpus ELILAP/Orléans, gra018)

Ce tri, tout en étant avant tout interprétatif, peut être appuyé par des tests comme celui de la réfutation : tandis que (*il*) *faut dire* radical et (*il*) *faut dire* déontique peuvent être soumis à une négation réfutative, ce n'est pas le cas de (*il*) *faut dire* épistémique[3] :

(9)   faut dire madame il y en a pas pour longtemps
        – Ce n'est pas vrai : il ne faut pas dire madame il y en a pas pour longtemps

(10)   faut dire les choses claires et nettes
        – Ce n'est pas vrai : il ne faut pas dire les choses claires et nettes

(11)   il faut dire qu'à Orléans c'est assez réduit
        – Ce n'est pas vrai : # il ne faut pas dire qu'à Orléans c'est assez réduit
                        il faut dire qu'à Orléans ce n'est pas réduit

Selon les résultats de ce tri sémantico-interprétatif, 26 des 106 occurrences de (*il*) *faut dire* représentent l'usage non épistémique de la tournure, plus proche du sémantisme de départ du verbe *falloir*, tandis que 80 occurrences portent un sens épistémique, éloigné d'un besoin physique ou d'une nécessité morale ou sociale quelconques et donc propice à une analyse comme MD. Ces occurrences se répartissent comme suit dans les différents corpus dépouillés : ELILAP 38 (sur 47), CREDIF 11 (sur 17), BEECHING 9 (sur 10), CRFP 10 (sur 15), C-ORAL-ROM 7 (sur 9).

Venons-en maintenant à l'analyse morpho-syntaxique de la tournure pour voir dans quelle mesure elle corrobore les résultats de l'interprétation sémantique. (*Il*) *faut dire* est une expression capable, sur le plan syntactico-actanciel, de régir un complément, qui peut se présenter sous forme d'un nom, d'un pronom ou d'un groupe nominal ([*il*] *faut dire* + NP), ou bien sous forme d'une phrase complétive ([*il*] *faut dire* (+ *que*) + *p*). Or la large majorité des occurrences qui avaient été classifiées comme appartenant aux usages radical et déontique de (*il*) *faut dire* correspond à la structure (*il*) *faut dire* + NP (cf. (7)) tandis que toutes les occurrences classifiées comme épistémiques suivent le schéma (*il*) *faut dire* (+ *que*) + *p*. Il n'y a qu'un petit nombre d'occurrences du type (*il*) *faut dire* + NP qui pourrait se lire comme MD ; il s'agit des cas où le nom (ou le pronom) a une référence peu spécifique, tel *chose* dans (12) (mais cf. (7) pour un cas différent) :

(12)   mais auparavant *il faut dire* une chose un . un élu n'est efficace que s'il est appuyé s'il est en . en ligne directe avec ses électeurs (corpus C-ORAL-ROM, fnatps01)

Parmi les exemples du type (*il*) *faut dire* (*que*) + *p*, interprétables comme épistémiques et donc assimilables à des MD, on constate une variation importante eu égard à la structure morphosyntaxique et à la linéarisation dans la phrase complexe, c'est-à-dire en ce qui concerne la position de la tournure par rapport à sa phrase complétive. Examinons d'abord la variation morphosyntaxique. On y trouve une tendance à la perte du pronom non déictique *il*, appelé à remplir la position syntaxique du sujet des verbes dits « impersonnels » ; la présence obligatoire d'un sujet étant considérée un trait verbal essentiel du français, la

---

3. Que ce test soit vraiment probant, ou non, reste par ailleurs controversé. Dans les exemples soumis au test ici, c'est, d'une part, la portée de la négation qui, dans (9), est plus restreinte et différente de celle en (10), effet qui résulte justement du caractère radical de (*il*) *faut dire* dans cet exemple. D'autre part, dans (11) la conclusivité du test est affaiblie par le fait que la version pragmatiquement adéquate de la réfutation exige l'élimination de l'adverbe (modalisateur, lui aussi) *assez* qui, dans un contexte nié, reprend son sens non modal de « suffisant ». Merci aux relecteurs de *LF* pour leurs observations à propos de ce test.

perte du pronom sujet peut être interprétée comme un processus de déverbalisation. D'autre part, on constate, parmi les occurrences épistémiques du corpus de travail, une tendance à la suppression du morphème complémenteur *que*, qui marque la subordination syntaxique. Or c'est par le complémenteur *que* que s'opère la nominalisation de la complétive, qui seule permet à la phrase de s'accrocher comme COD au verbe. La perte du complémenteur équivaut à une perte de la force nominalisatrice de la tournure (*il*) *faut dire*.

Dans notre corpus de travail, un peu moins d'un tiers des occurrences est sujet au processus de déverbalisation par perte de pronom *il* (25 sur 80), tandis qu'un peu plus d'un quart (27,5 % ; 22 sur 80) n'a qu'une force nominalisatrice réduite à cause de la perte du *que*. Dans 10 cas, les deux processus se conjuguent et on trouve *faut dire* épistémique sans pronom sujet *il*, ni complémenteur *que*. Les occurrences qui ne montrent pas de signes de déverbalisation-dénominalisation sont les plus nombreuses, mais cette structure morphologiquement intacte n'est que faiblement majoritaire, comme le montrent les chiffres suivants : *il faut dire que* : 51 % (41 sur 80) ; Ø *faut dire que* : 20 % (16/80) ; *il faut dire* Ø : 16 % (13/80) ; Ø *faut dire* Ø : 12,5 % (10/80). Or, on pourrait avancer l'hypothèse que le grand nombre d'occurrences de *faut dire* dépourvues du pronom *il* ne s'explique pas par un processus de déverbalisation lié à la transformation de la tournure en MD. Ces occurrences refléteraient plutôt une tendance plus générale d'omission du pronom non-référentiel *il* devant les verbes impersonnels, où ce pronom n'est qu'un élément de remplissage d'une position syntaxique non-actancielle imposé par le caractère toujours plus contraignant du sujet dans l'histoire du français. On pourrait supposer qu'une telle tendance serait particulièrement facile à concevoir dans le cas d'un verbe comme *falloir* qui n'a été « dépersonnalisé » que tardivement dans son parcours diachronique (Koch 2002). Les corpus utilisés dans ce travail confirment en effet un degré élevé d'omission de *il* devant *falloir* : une recherche limitée aux seules occurrences au présent – *faut* – et non exhaustive à cause des restrictions techniques imposées par les corpus ELILAP et CRFP[4] révèle que parmi les 2 419 exemples pertinents de *faut*, 627 – ou 26 % – apparaissent effectivement sans le pronom *il*. Cependant, la suppression de ce *il* est distribuée de façon très inégale parmi les corpus ; si l'on excepte le corpus québécois ESTRIE, où le type Ø *faut* atteint 65 % (228 sur 335 occurrences), le taux d'absence du pronom s'échelonne de 8 % (29 sur 350) dans le corpus BEECHING à 29 % (160 sur 557) dans le corpus CREDIF, avec une moyenne de 19 %. On peut donc conclure que la tendance générale à l'omission du *il* devant *falloir* favorise la déverbalisation de *faut dire* et que ce processus est légèrement plus avancé dans le cas de *faut dire* MD que dans d'autres usages de *falloir*[5].

---

4. Le corpus ELILAP dans sa version électronique en ligne permet d'afficher un maximum de 500 occurrences, tandis que CRFP est limité à 300, alors que la fréquence de *faut* dépasse ces seuils dans les deux corpus.

5. Il ne faut pas prendre les mêmes précautions d'analyse quant à la suppression du complémenteur *que* après *faut dire*, qui n'est certainement pas favorisée par un développement analogue de suppression du complémenteur après *falloir*. D'une part, ce complémenteur dépend, dans le cas de figure qui nous intéresse, plutôt de *dire* ; d'autre part, dans nos corpus l'omission du *que* après *falloir* s'avère pratiquement inexistante sauf dans le corpus ESTRIE où ce phénomène concerne 6 % des occurrences du verbe *falloir* (22 sur 351).

Quant à la variation positionnelle de (*il*) *faut dire* par rapport à l'énoncé *p*, trois cas de figure sont à prendre en considération : la position canonique d'un (*il*) *faut dire* initial, précédant la phrase *p* ; une position médiane ou position d'incise, avec un (*il*) *faut dire* intercalé dans *p* ; et une position finale avec (*il*) *faut dire* suivant *p*. Cette variation positionnelle est moins spectaculaire que la variation morphosyntaxique : 68 des 80 occurrences (85 %) suivent la linéarisation canonique (*il*) *faut dire* (*+ que*) *+ p*, alors que 9 (*il*) *faut dire* (11 %) se trouvent en position finale et 3 en position d'incise. Cette position médiane est sans aucun doute la plus inattendue et la plus marquée. Or, les trois exemples relevés s'avèrent tous peu fiables : deux proviennent du corpus BEECHING et ont été produits, d'après ce qu'il semble, par l'enquêtrice qui n'est pas de langue maternelle française. Le troisième exemple, issu du *Corpus d'Orléans* intégré dans ELILAP et reproduit sous (13), est d'une interprétation positionnelle difficile : le *il faut dire* y apparaît à côté d'un autre MD en incise, *vous savez*, sans qu'on puisse déterminer avec certitude quelle est la relation de rection qui existe au juste entre ces deux MD déverbaux potentiellement recteurs et la « complétive » – peu transparente elle aussi – qui les entoure :

(13)   La grève ne nous a pas donné beaucoup de résultats non parce que nous avons fait grève pendant trois semaines et puis le (cycle) que nous avons eu je peux vous dire que franchement euh pour moi c'est zéro […] c'est zéro parce que pour ce qu'ils nous ont donné vous savez *il faut dire* tout de suite euh ils nous le reprennent (ELILAP/Orléans, t111)

En mettant en rapport la variation positionnelle (position initiale *vs* position finale, en faisant abstraction des 3 exemples de position médiane) et la variation morphosyntaxique (absence de *il*, absence de *que* ou les deux à la fois), on arrive au tableau suivant (les chiffres entre parenthèses indiquent le nombre de cas ambigus) :

	il faut dire que	Ø faut dire que	il faut dire Ø	Ø faut dire Ø
faut dire + p	40 (+1)	15 (+1)	6 (+2)	3
p + faut dire	0	0	2	6 (+1)

Il n'est pas surprenant de voir que la position finale exclut la présence du *que* de subordination ; jusqu'à présent, de tels cas d'un complémenteur « orphelin » n'ont pas été relevés dans les recherches sur le français parlé. La position initiale de la tournure est compatible avec les quatre configurations morphosyntaxiques, mais le maintien du complémenteur paraît (encore) clairement favorisé par cette position du *faut dire* MD. La déverbalisation par perte du pronom *il* ne semble pas être empêchée dans cette position initiale tout en se maintenant à un taux correspondant à la tendance générale d'omission de *il* dans nos corpus (23,5 % ou 16 occurrences sur 68). En revanche, la position finale, déjà positionnellement peu compatible avec une vraie relation de rection entre *faut dire* et *p*, semble favoriser cette déverbalisation par omission de *il*, qui dans ce cas de figure s'ajoute ainsi à l'inévitable suppression du complémenteur *que*. Mais, il est vrai, le nombre d'exemples de cette constellation est très limité.

3. *FAUT DIRE* – TOURNURE VERBALE PARENTHÉTIQUE, CONNECTEUR TEXTUEL OU MARQUEUR DISCURSIF ?

La tournure (*il*) *faut dire* en fonction de MD s'apparente à maints égards au groupe de MD déverbaux connus sous les termes de « verbes parenthétiques » (Urmson 1952 ; Andersen 1996), « verbes recteurs faibles » (Blanche-Benveniste 1989) ou « marqueurs discursifs propositionnels » (Andersen, dans ce numéro). Ces marqueurs, qui proviennent des classes sémantiques des *verba sentiendi* et *cogitandi* (ces derniers constituant un sous-groupe des premiers), se caractérisent – tout comme la tournure qui nous intéresse – par le fait qu'ils fonctionnent (ou qu'ils sont censés fonctionner) comme phrase matrice syntaxique régissant une proposition complétive à laquelle ils sont pragmatiquement subordonnés. Autrement dit, c'est la complétive qui se trouve assertée et porteuse du message communicativement dynamique tandis que la principale, constituée par le verbe recteur « faible », n'apporte qu'une note modalisatrice, à portée subjective ou intersubjective, à l'assertion véhiculée par la complétive. Ces verbes recteurs faibles constituent probablement le groupe de MD déverbaux le plus saillant du français parlé, et les exemples dans les corpus sont légion ; en voici un, mettant en jeu un verbe recteur faible par excellence, *je pense* :

> (14)   Point de vue sportif pas spécialement même c'est plus avantageux *je pense* en province qu'à Paris puisqu'à Paris c'est très très cher (corpus BEECHING)

Comme on l'a vu en (3), le verbe *dire* fonctionne comme verbe recteur faible sous plusieurs formes, notamment sous celle de *je dirais*. Avec les verbes recteurs faibles typiques, (*il*) *faut dire* partage plusieurs propriétés morphologiques et syntaxiques, comme la liberté de positionnement par rapport à la complétive (avec des limitations sur la position en incise, position non restreinte pour les verbes recteurs faibles *stricto sensu*). De plus, il est figé dans une forme invariable (cf. Andersen, dans ce numéro), bien qu'il s'agisse ici du seul figement dans une forme temporelle – le présent –, étant donné que pour *falloir*, en tant que verbe impersonnel, on ne s'attend pas à un quelconque figement dans une personne grammaticale (autre que 3e du singulier). Enfin, il refuse une négation réfutative. Par ailleurs, (*il*) *faut dire*, de par son sémantisme déontique de départ, s'apparente à une autre tournure à caractère parenthétique, à savoir l'expression *je dois dire que* + *p*, étudiée par H. Kronning (1988). Cet auteur n'hésite pas à classer cette tournure parmi ce qu'il appelle les « indicateurs pragmatiques parenthétiques […] transparents » (*op. cit.* : 104), mais le but de son étude est plutôt logico-sémantique (en faisant des emprunts à la logique formelle). Plus concrètement, Kronning se fixe comme objectif de démontrer que *je dois dire que* est bien plus qu'une formule de politesse et d'« affirmation atténuée », qu'il s'agit plutôt d'un connecteur concessif. L'idée de connexion n'est pas du tout étrangère au domaine des MD ; comme le montre G. Dostie (2004 : 40 ss.), dans sa revue terminologique, certains linguistes vont jusqu'à postuler la connectivité comme trait définitoire des MD. Pourtant, cette auteure propose de séparer terminologiquement et descriptivement les « connecteurs textuels » (CT), « qui relient des actes illocutoires ou des ensembles d'actes illocutoires » (*op. cit.* : 46), et les « marqueurs discursifs » (au sens propre ; MD), autres expressions « à valeur pragmatique qui ne sont pas des connecteurs textuels » (*op. cit.* : 42) et à propos desquelles on n'a pas besoin d'un point d'appui pré-textuel afin d'expliquer leur fonctionnement pragmatique. Dans la terminologie proposée, les MD et les CT sont regroupés sous l'enseigne générale de « marqueurs pragmatiques ».

Selon Kronning, la tournure *je dois dire que* entrerait clairement dans le groupe des CT ; cette expression serait comparable aux conjonctions concessives telles *bien que*, à la différence près que *je dois dire* « à l'instar de l'adverbe *néanmoins* […] introduit le conséquent alors que les conjonctions de subordination *bien que* et *même si* introduisent toujours l'antécédent de la relation concessive » (*op. cit.* : 107). Cela explique le contraste topologique entre (15) et (16), autrement relativement proches l'un de l'autre quant à leur valeur sémantique (ex. d'après Kronning 1988 ; modifiés) :

(15) Je viens de trouver Sevrais très compréhensif, *bien que* je l'aie renvoyé et *que* je redoutasse un éclat.

(16) J'ai renvoyé Servais et je redoutais un éclat. *Je dois dire que* / Néanmoins, je viens de le trouver très compréhensif.

Pour Kronning, il n'y a pas de doute que le potentiel pragmatique de *je dois dire que* se joue, dans la plupart des cas, au niveau de sa connectivité, qui permet de lier un énoncé *q* à un énoncé précédent *p* en établissant une relation de concessivité entre les deux. Cela dit, l'auteur admet que « c'est le repérage de l'antécédent *p* qui fait le plus souvent difficulté » (*op. cit.* : 107).

Ici n'est pas l'endroit de mettre l'analyse de Kronning, qui se base sur des exemples tirés de textes écrits littéraires et non littéraires, à l'épreuve des données de l'oral. Dans nos corpus, *je dois dire* est plus rare que (*il*) *faut dire* (46 occurrences au total, réparties comme suit : corpus BEECHING : 3 ; CRÉDIF : 3 ; ELILAP : 25 (+1) ; CRFP : 8 ; C-ORAL-ROM : 5 (+1))[6]. Pourtant, on trouve des occurrences qui montrent des phénomènes de réduction morphologique comparables à (*il*) *faut dire* et aux verbes parenthétiques prototypiques, telles la suivante :

(17) les Portugais un peu moins puis alors les Arabes comme d'habitude c'est toujours qui sont au ban de la société ils font toujours .. bon ben ça c'est c'est pas du tout euh c'est général hein même encore *je dois dire* Autun c'est pas tellement catastrophique peut-être parce qu'y en a pas encore trop (corpus CREDIF)

La question que l'on doit se poser, à partir de l'analyse que Kronning fournit pour *je dois dire que*, c'est celle de savoir si (*il*) *faut dire* (*que*) a été correctement classé, jusqu'ici, sous l'étiquette de MD ou s'il n'appartient pas plutôt aussi à la catégorie des CT, comme Kronning le postule pour *je dois dire que*. S'il est vrai que cette distinction est surtout définitoire, elle a néanmoins des implications sur le plan de l'analyse. En effet, ce qui caractérise un grand nombre de marqueurs pragmatiques (entendus dans le sens de Dostie 2004), c'est qu'ils se sont développés à partir d'éléments sources qui ne possédaient pas encore le sens discursif de l'élément cible, et que ce processus de pragmaticalisation impliquait une

---

6. Il n'y a pas d'occurrences de *je dois dire* dans le corpus ESTRIE ; en plus, la tournure *je dois le dire*, prise en compte par Kronning (1988) comme équivalent de *je dois dire* notamment en position d'incise et en postposition, est absente de nos corpus.

décatégorisation et une recatégorisation (cf. l'introduction à ce volume) ; il s'agit là de modifications catégorielles que la pragmaticalisation partage avec la grammaticalisation[7]. Un élément discursif, à usage pragmatique, d'origine propositionnelle et qui met en jeu la subordination, classé parmi les CT n'aurait donc pas été sujet aux mêmes effets de recatégorisation qu'un élément discursif propositionnel classifiable comme MD, étant donné que sa fonction de connexion continue à prévaloir, et qu'il se trouverait donc à un niveau de pragmaticalisation inférieur à celui des tournures pragmatiques classifiées comme MD.

Dans un certain nombre d'exemples relevés dans nos corpus, une lecture concessive de la tournure (*il*) *faut dire* (*que*) semble intuitivement plausible, mais dans la vaste majorité des cas, cette concessivité reste latente et difficilement palpable du fait que l'antécédent de la relation concessive (l'action ou l'état de choses dont le résultat ou la conséquence escomptés ne se sont pas produits) n'est pas repérable. Des énoncés comme (18), faciles à transformer en une phrase complexe concessive classique selon le modèle exemplifié en (15-16), sont rarissimes dans nos corpus :

(18a)   grâce euh à l'action syndicale on a débarrassé un petit peu euh les travailleurs de ces euh de ce poids de la maison Michelin et *faut dire que* l'action syndicale reste malgré tout difficile compte tenu euh de la dureté de la direction vis-à-vis des des organisations syndicales et des militants syndicalistes (corpus ELILAP/Auvergne, tr007)

(18b)   l'action syndicale reste malgré tout difficile *bien que* grâce à l'action syndicale on ait débarrassé un petit peu les travailleurs

En plus, il faut se demander si l'interprétation concessive latente n'est pas attribuable – en tout cas partiellement – à d'autres éléments dans l'entourage de (*il*) *faut dire* ; dans (18a), par exemple, c'est l'adverbe *malgré tout* qui pourrait induire une telle lecture.

Si une relation de concessivité est, dans les exemples de nos corpus, tout au plus latente, une autre relation sémantique entre la proposition introduite par (*il*) *faut dire* et son co-texte semble plus facile à établir, à savoir l'adversativité. Alors que la relation concessive marque le résultat escompté d'un état de choses comme non survenu – relation sémantique conceptuellement assez complexe et donc tardive à se développer dans l'ontogenèse, mais aussi dans le développement historique des langues (Kortmann 1997) –, la relation adversative marque une action ou un état de choses (résultat ou non) comme simplement opposé à un état de choses mentionné avant. Beaucoup d'occurrences de (*il*) *faut dire* (*que*) dans nos corpus permettent une lecture adversative ; parfois, une interprétation concessive est possible aussi, comme en (19), mais dans d'autres exemples, seule la lecture adversative (paraphrasable en ayant recours à la conjonction *mais*) s'avère plausible, comme en (20) :

---

7. Le terme de « pragmaticalisation », malgré son usage assez répandu dans les études sur les MD, et son rapport avec le concept de 'grammaticalisation' n'ont pas encore, à notre avis, fait l'objet d'une théorisation satisfaisante, mais la réflexion la plus élaborée et la plus poussée à ce sujet se trouve dans le livre, cité à plusieurs reprises déjà, de Dostie (2004).

(19)   A : oui alors c'est une question de milieu social c'est ça
        B : oui oui beaucoup de milieu social *il faut dire que* il a une question d'héré-
        dité aussi parce que il y a beaucoup de gens la de la droite viennent de
        milieu social assez élevé (corpus ELILAP/Orléans, gra090)

(20)   on y allait en semaine au moins trois fois par semaine à Bruxelles . ah oui .
        on y allait le soir c'était pas loin . *il faut dire que* maintenant avec la télévision
        ça a beaucoup supprimé un peu quand même (corpus ELILAP/Orléans, t077)

(20a)   on y allait en semaine trois fois […] *mais* maintenant avec la télévision ça a
        beaucoup supprimé

(20b)   # maintenant avec la télévision ça a beaucoup supprimé *bien qu'*on y allait
        en semaine au moins trois fois

Ce que les relations de concessivité et d'adversativité ont en commun, c'est
l'expression d'un contraste entre deux propositions représentant deux actions
ou deux états de choses. Cette contrastivité est plus prononcée dans le cas de la
concessivité que dans celui de l'adversativité, ce qui peut expliquer le fait que
la concessivité s'exprime, dans la plupart des cas, par une subordination en *bien
que* ou avec d'autres conjonctions, tandis que l'adversativité s'exprime souvent
par une coordination en *mais*. On vient de voir que la tournure (*il*) *faut dire* (*que*)
peut exprimer (mais à des degrés de fréquence différents) les deux relations,
fonctionnant, dans l'un ou l'autre cas, effectivement plutôt en tant que CT que
comme MD. Examinons maintenant l'exemple suivant :

(21)   alors oui je suis responsable de enfin de tout le campus mais peu de gens
        me connaissent de même parmi les étudiants *faut dire que* je fais pas grand
        chose pour me faire connaître pour le moment parce qu'enfin je pourrais
        faire des réunions ou bien alors euh les . pour se faire connaître finalement
        il suffit de d'imposer certaines règles qui plaisent pas ce serait vite fait
        (corpus ELILAP/Orléans, t004)

(21a)   # *bien que* je fasse pas grand chose pour me faire connaître pour le moment,
        peu de gens me connaissent de même parmi les étudiants

(21b)   ? peu de gens me connaissent de même parmi les étudiants *mais* je fais pas
        grand chose pour me faire connaître pour le moment

Ici, la tentative d'établir une relation concessive s'avère peu probante ; une
relation adversative n'est pas totalement impossible mais, comme le montre la
paraphrase (21b), elle n'est pas convaincante non plus. L'acceptabilité sémantico-
pragmatique change si l'on ajoute, à cette paraphrase, l'adverbial *non plus* :

(21c)   peu de gens me connaissent de même parmi les étudiants *mais* je fais pas
        non plus grand chose pour me faire connaître pour le moment

Quel est l'apport de *non plus* qui rend la paraphrase (21c) plus acceptable
que (21b) ? À notre avis, c'est le fait que *non plus*, tout en étant compatible avec
la relation adversative opérée à travers la conjonction *mais*, maintient l'orientation argumentative générale de la proposition précédente. Autrement dit, tandis
que l'adversativité exprimée par *mais* constitue inévitablement une rupture ou,
au moins, un changement de direction argumentative (on mentionne un état de
choses qui se trouve en opposition à ce qui vient d'être dit), *non plus* fonctionne
comme un prolongement argumentatif dans la direction préalablement établie.

C'est ce double fonctionnement discursif, consistant à prolonger un mouvement argumentatif tout en y introduisant des éléments de contraste et de rupture, qui se trouve exprimé, dans l'exemple attesté de départ (21), dans la
tournure *faut dire que*. Le double sens véhiculé par cette construction, celui de
continuer dans une direction argumentative et celui d'y insérer des éléments
d'opposition ou de contraste, se trouve exemplifié aussi dans (22) :

(22)   et à l'âge de seize ans je suis allée en Belgique avec mes parents et j'étais
        bien obligée de réapprendre le français *il faut dire* c'est une langue qu'on
        oublie jamais quand on a appris une langue ça reste toujours au fond de son
        cerveau et ça revient très facilement (corpus BEECHING)

À première vue, le lien entre les propositions « j'étais bien obligée de réap-
prendre le français » et « c'est une langue qu'on oublie jamais » paraît peu
cohérent, voire contradictoire. La locutrice essaie de rendre moins incohérent ce
lien en faisant appel à la tournure *il faut dire*, qui permet de continuer sur le
thème de la langue et d'y apporter en même temps un élément en opposition,
paraphrasable par « mais le français c'est une langue qu'on oublie jamais ».

Dans les exemples analysés jusqu'ici, le fonctionnement de (*il*) *faut dire* (*que*)
reste associé à la connectivité. Cependant, le fait que les locuteurs préfèrent la
tournure pseudo-subordinative (*il*) *faut dire* à de simples connecteurs moins
« problématiques » tels ceux utilisés dans les paraphrases respectives montre
bien qu'il s'agit d'un niveau de connectivité pour le moins indirect. Dans les
exemples cités, la proposition introduite par (*il*) *faut dire* acquiert une valeur
explicative par rapport à une proposition / un état de choses mentionné(e)
antérieurement, valeur explicative dans laquelle convergent la relation conti-
nuative et la relation adversative (voire, parfois, concessive). On rejoint ici
l'analyse que J.-M. Debaisieux (2002) propose pour la conjonction *parce que* en
français parlé. Cette auteure, qui adopte la distinction entre microsyntaxe et
macrosyntaxe développée par A. Berrendonner et C. Blanche-Benveniste, propose que *parce que*, sur le niveau macro-syntaxique (c'est-à-dire au-delà des
relations rectionnelles étroites et « fortes »), forme deux structures à interprétation différente : une structure que Debaisieux appelle « en complément différé »
et qui est « interprétable en séquence explicative » (*op. cit.* : 359), et « une structure "portant sur l'énonciation", interprétable en séquence justificative » (*ibid.*).
L'exemple (23) exemplifie la première structure, tandis que (24) illustre la
seconde (exemples tirés de Debaisieux 2002 : 358s.) :

(23)   ils ne l'acceptent pas toujours / bon, pas / *parce qu*'ils se sentent différents
        des autres

(24)   ça fait dix ans que je joue au foot et je joue dans un bon club *parce que*
        chaque année on s'en va on s'en va à Lille à Paris à la frontière belge

Dans (23), il y a encore un élément d'explicitation de causalité (la fonction
de départ de l'élément conjonctif *parce que*) même s'il est « différé », « ajouté
après coup » (*op. cit.* : 358), après qu'un autre élément – *bon* ou *pas*, non clairement identifié par le transcripteur de cet exemple oral – a été inséré dans la
linéarité du discours. Dans (24), le lien propositionnel-textuel disparaît
presque complètement pour faire place à un lien purement (méta-)discursif,
« paraphrasable en : "j'affirme cela parce que…" » (*op. cit.* : 359).

Le parallèle entre l'analyse de *parce que* proposée par Debaisieux et notre description de (*il*) *faut dire* (*que*) ne réside pas dans le rapport de causalité. Il est vrai qu'il y a un nombre limité d'occurrences dans nos corpus qui permettent une interprétation du style « explication par la cause », même en situation différée, comme (25) :

(25)   A : est-ce qu'il y a des émissions que vous regardez euh particulièrement ?
        B : non ben *faut dire que* j'ai pas tellement le temps de la regarder (corpus CREDIF)

Mais le point important, c'est que, dans le cas de (*il*) *faut dire*, il peut y avoir la même extension vers « une structure portant sur l'énonciation » que Debaisieux, dans le cas de *parce que*, désigne comme « séquence justificative ». Avec (*il*) *faut dire*, cette extension aboutit à ce que Deulofeu et Véronis (2002 : 387) appellent une « valeur argumentative » : « ce qui est dit est le résultat d'une inférence du locuteur à partir d'éléments du contexte, verbaux ou non verbaux ».

Dans le cas de *faut dire* CT, cette valeur argumentative se base surtout sur des éléments contextuels verbaux, notamment sur le co-texte précédent, comme on vient de le voir, tandis que dans le cas de *faut dire* MD, plus pragmaticalisé, ce sont les éléments contextuellement et intersubjectivement accessibles mais non nécessairement verbalisés qui sont déterminants. Vu que le *parce que* justificatif-discursif décrit par Debaisieux est aussi plus pragmaticalisé que le *parce que* explicatif-causal, il n'est pas surprenant de le rencontrer, dans l'exemple (26), à côté d'un *faut dire* MD qui, lui, ne permet plus du tout une lecture adversative ou concessive, mais où la fonction discursive prime :

(26)   A : alors pour les autres ouvriers i y a quand même une prédominance d'Auvergnats
        B : peut-être d'Auvergnats d'une seule génération pour certains d'entre eux *parce que il faut dire qu'*en France les gens se déplacent quand même maintenant euh beaucoup (corpus ELILAP/Auvergne, tr006)

Quelle est exactement cette fonction discursive d'un (*il*) *faut dire* (*que*) MD, notamment par rapport à (*il*) *faut dire* (*que*) CT dont il est tout probablement issu ? On a vu *supra* que (*il*) *faut dire* CT permet de joindre à une proposition une autre qui maintient l'orientation argumentative du mouvement discursif précédent, tout en y intégrant un élément de contraste. Si la connexion avec un antécédent textuel se perd, comme dans le cas de (*il*) *faut dire* MD, le prolongement argumentatif et l'expression d'un contraste ou d'une opposition passe du niveau sémantico-textuel au niveau pragmatico-discursif : ou bien le locuteur verbalise, moyennant une proposition introduite par (*il*) *faut dire* MD, un contenu explicatif à un élément co-textuellement donné ou inférable dont il suppose que son interlocuteur a besoin pour comprendre, comme en (27 ; prolongement argumentatif) ; ou bien il introduit par ce moyen un commentaire, une prise de position ou une autre proposition qui forme, pour ainsi dire, une parenthèse subjective dans le déroulement de l'échange communicatif et à propos de laquelle le locuteur se considère en accord (28 ; prolongement argumentatif une fois de plus) ou en désaccord avec son interlocuteur (29 ; contraste/opposition) :

(27) Mitterrand n'a pas apprécié que les communistes euh se critiquent les mesures d'austérité, et *il faut dire qu'*elles sont particulièrement draconiennes (corpus BEECHING)

(28) A : et puis je sais pas bon le ciné on ne on gobe davantage ce qui est mauvais je crois à la télé au ciné peut-être mieux mais (?) quand vous avez des gens devant vous euh auxquels vous ne croyez pas c'est épouvantable
B : et puis *il faut dire que* souvent le théâtre est très très mauvais
A : eh ben voilà ! (corpus CRÉDIF)

(29) cela tient là aussi comme pour les travailleurs dans leur ensemble pour ne pas vous faire sourire comme pour l'ensemble de la population à l'exploitation euh par le capitalisme et effectivement nous luttons euh contre ce genre euh de d'exploitation *il faut dire que* c'est un sujet qui est qui est quand même délicat euh (corpus ELILAP/Auvergne, tr009)

C'est évidemment dans ce dernier type d'emploi, dans le cadre d'une parenthèse à caractère subjectif, que la nécessité d'un lien textuel repérable est plus faible, de sorte que la tournure (*il*) *faut dire* dans ces cas de prise de position ou de commentaire acquiert de façon particulièrement facile la liberté de position décrite au paragraphe antérieur et n'ouvre donc plus cette parenthèse, mais s'y insère en position médiane ou finale, comme en (30) :

(30) A : on doit pas s'moquer des : des choses de ceux qui vous dirigent non ? c'est c'est ridicule
B : c'est un petit peu exagéré quoi ?
A : c'est exagéré oui tandis que le théâtre de Bouvard il fffu c'est des andouilleries aussi faut dire
B : mm mm (corpus CREDIF)

Deulofeu/Véronis (2002 : 387) observent, à propos des emplois modaux ou « parenthétiques » des tournures *je dois dire*, *disons que* et *ce qui fait que*, que dans ces emplois « *devoir*, l'impératif et *faire* montrent que l'assertion en cours est produite par une source extérieure ». Ils opposent ces cas d'« assertion[s] à valeur argumentative » (*ibid*.) à la catégorie des « assertion[s] […] à valeur de jugement » (*op. cit.* : 386) dans laquelle ils classent les verbes parenthétiques prototypiques tels *je pense* et *je trouve*. L'idée de base de Deulofeu/Véronis est certainement pertinente pour la tournure (*il*) *faut dire* (*que*) aussi, et même à plus forte raison : le verbe *falloir*, qui désigne en français moderne, comme on l'a dit au début, une nécessité ou un besoin (modalité radicale ou déontique), peut effectivement dépersonnaliser l'acte illocutoire qu'il introduit ou accompagne sous la forme de (*il*) *faut dire*. Cette tournure est particulièrement apte à créer un tel effet, car il s'agit d'un tour impersonnel. On peut considérer cet effet (*pace* Kronning 1988) comme une stratégie d'atténuation dans un souci de politesse verbale négative : le prolongement argumentatif devient ainsi moins insistant, l'introduction d'un contraste ou d'une prise de position contraire moins insolente[8]. Cependant, les données nous montrent que plus la tournure

---

8. (*Il*) *faut dire* est, dans ce sens, comparable à *quand même* adverbial utilisé comme MD, qui provient d'ailleurs d'une conjonction à valeur concessive-oppositive, autre parallèle avec la tournure qui nous intéresse ; cf. Beeching (2005).

se pragmaticalise, moins cette dépersonnalisation est exploitée par les locuteurs, et on trouve donc rapidement des exemples où (*il*) *faut dire* (*que*) et des verbes parenthétiques prototypiques, différents dans leur portée discursive et peut-être même incompatibles à en croire Deulofeu/Véronis (2002), se côtoient sans problème, comme dans (31-32) :

(31)   il y a un un docteur à peine réveillé euh *faut dire que je pense qu*'on avait dû le réveiller là à minuit (corpus C-ORAL-ROM, ffammn05)

(32)   A : et petit à petit, ça s'effrite.
B : ça s'effrite très vite *il faut dire je crois que* dans une période de crise aussi sévère que celle que nous connaissons
A : oui
B : n'importe qui perdrait très vite son crédit (corpus BEECHING)

4. CONCLUSION

Cette étude sommaire des usages discursifs de (*il*) *faut dire* (*que*) a montré que la tournure en question n'est pas extrêmement fréquente dans le français parlé, mais suffisamment courante pour permettre la description de sa variation structurale et l'analyse de la gamme des sens qu'elle peut exprimer, sur la base d'un corpus solide. Sur le plan distributionnel, (*il*) *faut dire* s'apparente beaucoup à des verbes parenthétiques prototypiques, dans la mesure où la tournure, qui dans ses emplois à caractère épistémique est toujours accompagnée d'un « complément » phrastique, fait preuve d'une variabilité positionnelle (placement devant et après la complétive notamment) et d'une variabilité morphologique (présence ou absence du pronom explétif *il*, du complémenteur *que* ou des deux) significative. Cette double variabilité formelle a été interprétée comme indice d'une verbalité variable qui se trouve en corrélation avec le degré de pragmaticalisation de la tournure. Sur le plan sémantico-pragmatique, (*il*) *faut dire* (*que*) s'avère plus hétérogène, quant aux sens qu'il peut porter, que la tournure – proche cependant de par son sens de départ – *je dois dire que* étudiée par H. Kronning (1988). (*Il*) *faut dire* (*que*) peut véhiculer des relations d'adversativité et, dans un moindre degré, de concessivité entre des propositions (plus ou moins) adjacentes dans le discours et fonctionne, dans ces cas, comme connecteur textuel. Mais dans la plupart des occurrences, la connectivité n'entre pas en ligne de compte et c'est le sens subjectif d'explication/explicitation en situation interlocutive ou celui de prise de position personnelle qui l'emporte. Dans ces derniers cas, (*il*) *faut dire* (*que*) fonctionne comme marqueur discursif véritable.

Ce travail se veut une contribution à l'étude des marqueurs discursifs émanant de structures de (pseudo-)subordination ou, autrement dit, de rection « faible », appelés « parenthétiques » (*parentheticals*) ou « marqueurs discursifs propositionnels » (Andersen, dans ce numéro) et dont le vaste inventaire de formes et d'occurrences dans les langues romanes (cf. Pusch 2006) reste à être décrit de manière exhaustive et systématique.

Bibliographie

ANDERSEN, H. L. (1996), « Verbes parenthétiques comme marqueurs discursifs », dans : Muller, C. (éd.), *Dépendance et intégration syntaxique : subordination, coordination, connexion*, Tübingen, Niemeyer, pp. 307-315.

BEECHING, K. (2005), « Politeness-induced semantic change: The case of *quand même* », *Language Variation and Change*, 17, pp. 155-180.

BLANCHE-BENVENISTE, C. (1989), « Constructions verbales "en incise" et rection faible des verbes », *Recherches sur le français parlé*, 9, pp. 53-73.

DEBAISIEUX, J.-M. (2002), « Le fonctionnement de *parce que* en français parlé : étude quantitative sur corpus », dans : Pusch / Raible (éds.), pp. 349-362.

DEULOFEU, J. et VÉRONIS, J. (2002), « L'utilité du recours au corpus pour rendre compte des différences entre les locuteurs du Sud et du Nord de la France dans l'emploi du morphème *que* en langue parlée », dans : Pusch / Raible (éds.), pp. 377-392.

DOSTIE, G. (2004), *Pragmaticalisation et marqueurs discursifs. Analyse sémantique et traitement lexicographique* (Champs linguistiques), Bruxelles, De Boeck-Duculot.

KOCH, P. (2002), « *Il ne me faut plus nule rien*. Changement sémantique, métataxe et réanalyse », *Syntaxe & Sémantique*, 4, pp. 67-108.

KORTMANN, B. (1997), *Adverbial Subordination. A typology and history of adverbial subordinators based on European languages* (Empirical Approaches to Language Typology ; 18), Berlin, Mouton de Gruyter.

KRIEGEL, S. / MICHAELIS, S. / PFÄNDER, S. (2003), « Modalité et grammaticalisation : le cas des créoles français », dans : Kriegel, S. (éd.), *Grammaticalisation et réanalyse. Approches de la variation créole et française*, Paris, CNRS Éditions, pp. 165-191.

KRONNING, H. (1988), « Modalité, politesse et concession : *je dois dire que* q », dans : Nølke, H. (éd.), *Opérateurs syntaxiques et cohésion discursive. Actes du IVe Colloque International de Linguistique Slavo-Romane* (Erhvervssproglige skrifter ; 16), Copenhague, Nyt Nordisk Forlag, pp. 99-112.

KRONNING, H. (1996), *Modalité, cognition et polysémie : sémantique du verbe modal* devoir (Studia Romanica Upsaliensia ; 54), Uppsala, Acta Universitatis Upsaliensis.

PUSCH, C. D. (2002), « A survey of spoken language corpora in Romance », dans : Pusch / Raible (éds.), pp. 245-264.

PUSCH, C. D. (2006), « Marqueurs discursifs et subordination syntaxique : la construction inférentielle en français et dans d'autres langues romanes », dans : Drescher, M. / Frank-Job, B. (éds.), *Les marqueurs discursifs dans les langues romanes. Approches théoriques et méthodologiques*, Frankfurt am Main et al., Peter Lang, pp. 173-188.

PUSCH, C. D. / RAIBLE, W. (éds. 2002), *Romanistische Korpuslinguistik: Korpora und gesprochene Sprache / Romance Corpus Linguistics: Corpora and Spoken Language* (ScriptOralia ; 126), Tübingen, Narr.

URMSON, J. O. (1952), « Parenthetical verbs », *Mind*, 61, pp. 480–496.

VAN DER AUWERA, J. / PLUNGIAN, V. A. (1998), « Modality's semantic map », *Linguistic Typology*, 2, pp. 79-124.

Corpus

BEAUCHEMIN, N. / MARTEL, P. / THÉORÊT, M. (1973-81), *Échantillon de textes libres*, Sherbrooke, Université de Sherbrooke [= corpus ESTRIE].

BEECHING, K. (1988–), *Un corpus d'entretiens spontanés*, Bristol, University of the West of England ; à télécharger à <http://www.uwe.ac.uk/facults/les/staff/kb/main.html> [= corpus BEECHING].

CRESTI, E. / MONEGLIA, M. (éds. 2005), C-ORAL-ROM. *Integrated Reference Corpora for Spoken Romance Languages* (Studies in Corpus Linguistics ; 15), Amsterdam/Philadelphia, Benjamins [= corpus C-ORAL-ROM].

DE KOCK, J. et al. (eds. 1980–), ELILAP – *Étude linguistique de la langue parlée*, Louvain, Université de Leuven / Département de Linguistique ; accessible en ligne à <http://bach.arts.kuleuven.ac.be/elicop/> [= corpus ELILAP].

Groupe DELIC (2002–), *Corpus de Référence du Français Parlé*, Aix-en-Provence, Université de Provence ; accessible en ligne à <http://www.up.univ-mrs.fr/delic> [= corpus CRFP].

MARTINS-BALTAR, M. et al. (eds. 1989), *Entretiens. Transcription d'un corpus oral* (Cahiers du Français des Années Quatre-vingts, Hors Série ; 1), Saint-Cloud / Paris, E.N.S. de Fontenay-St Cloud – CREDIF / Didier [= corpus CREDIF].

Gaétane Dostie
Catifq, Université de Sherbrooke, Québec, Canada

La réduplication pragmatique des marqueurs discursifs. De *là* à *là là*

I. INTRODUCTION

Plusieurs études se sont attardées à décrire l'usage de marqueurs discursifs (MD) envisagés seuls sur l'axe syntagmatique. En revanche, la réduplication possible de certains d'entre eux n'a fait l'objet d'aucune étude de détail (ex. : *bon bon*, *tiens tiens*, *voyons voyons*, *OK OK*, *là là*, *bien bien*, *allons allons*…). Il faut préciser que le phénomène de la réduplication en français n'est pas, lui-même, un sujet particulièrement documenté, surtout dans une optique sémantico-pragmatique qui est celle que nous retenons ici. Les études consacrées à ce phé-nomène ont majoritairement mis l'accent sur les caractéristiques phonétiques et phonologiques impliquées dans la formation de mots résultant d'une rédupli-cation (Morin 1972, Plénat 1982a, 1982b, 1999, Zerling 2000, Scullen 2002). Ainsi, Scullen (2002) décrit de façon simple la réduplication (morphologique) en français : la nouvelle forme est disyllabique, chacune des syllabes présente une initiale consonantique, la première syllabe est ouverte et la seconde syllabe est variable sur ce point (ouverte ou fermée ; ex. : *foufou*, *jojo*, *fanfan*, *gaga*, *baballe*, *bébête*). Les études sémantiques et pragmatiques ont insisté, pour leur part, sur l'existence de deux valeurs opposées, associées à la réduplication (Rainer 1988, Schapira 1988, Hammer 1997) : d'une part, une valeur intensive-augmentative (ex. : *Il est riche riche* ; Floricic et Mignon 2005 ne mentionnent que cette valeur) et, d'autre part, une valeur diminutive-atténuative (ex. : *fifille*, *fofolle*, *guéguerre*, de même que les hypocoristiques tels *nounours*, *Jojo* ; Rainer 1988 : 284, Schapira 1988 : 56-57, Hammer 1997 : 289). De façon schématique, le premier type de réduplication correspondrait à une répétition de mots et le second, à une répétition de phonèmes ou de syllabes au sein de mots (Hammer

1997). Enfin, la majorité des études citées ont concerné la réduplication des classes majeures, en particulier celles des noms et des adjectifs. Ce fait semble refléter une perception assez répandue selon laquelle le nom et l'adjectif seraient les classes les plus sujettes à être rédupliquées, en français du moins (Rainer 1988 : 281-282). Étant donné le thème de notre étude, on comprendra notre réticence à endosser, sans plus de précaution, un tel point de vue[1].

La problématique des MD en lien avec celle de la réduplication n'est pas sans soulever un certain nombre de questions et une analyse minutieuse des unités soumises à ce phénomène paraît le plus souvent requise pour déterminer si l'on a affaire à l'un ou l'autre des deux cas de figure suivants. La réduplication semble en effet pouvoir correspondre à :

– la répétition d'un marqueur pris dans un seul et même sens. Ce procédé contribuerait à mettre en relief un aspect particulier de son sens, sans en changer la signification, comme dans *Allons allons ! Pleure pas !*, où *allons* – seul ou répété – servirait grosso modo au locuteur à tenter d'amener l'interlocuteur à modifier son comportement. Nous parlerons ici de *réduplication pragmatique* (RPr). Cette dénomination nous paraît moins restrictive que celle de *réduplication syntaxique* retenue dans Wierzbicka (1986 : 288) pour désigner le phénomène de la répétition (non lexicalisée) de mots sans pause en italien (ex. : *adagio adagio*, lentement lentement) ;

– l'emploi d'un nouveau marqueur sémantiquement distinct de la forme non rédupliquée. La réduplication serait alors exploitée comme un processus, parmi d'autres, de création lexicale. Nous retiendrons le terme de *réduplication lexicale* (RL) pour désigner ce phénomène que nous distinguerons graphiquement du précédent en plaçant l'expression qui y est soumise entre crochets surélevés (ex. : [*bon bon*]). Ainsi, dans le dialogue « A : *Fais-le pour moi, stp.* B : *Bon bon* », la séquence [*bon bon*] pourrait recevoir une interprétation difficile à rendre avec l'emploi d'un seul *bon*. Cette interprétation serait perceptible si la suite en cause exprimait une acceptation légèrement contrainte. Elle serait alors produite avec une voix un peu traînante susceptible de conduire à un allongement des voyelles nasales et avec un écart de niveau entre les deux *bon* – le premier étant plus haut que le deuxième. [*Bon bon*] commuterait, dans ce cas, entre autres avec *d'accord* et *OK* reconnaissables à leur allongement de la première syllabe. Afin d'éviter toute ambiguïté, précisons dès à présent qu'il se peut qu'une même séquence redoublée ait tantôt le statut de RL, tantôt celui de RPr. En guise

---

1. On peut trouver, en plus du cas des MD qui nous intéresse plus directement dans cet article, des exemples de réduplication qui mettent en jeu d'autres catégories, comme celle du verbe (ex. : *Vas-y vas-y*), du pronom (ex. : *Tout ce à quoi tu penses c'est à toi toi toi*) et de l'adverbe (ex. : *C'est pas très très malin*). Ces exemples nous sont inspirés de Ghomeshi *et al.* (2004 : 309) qui présentent sept types de réduplication dont la réduplication appelée « contrastive » à laquelle l'étude est entièrement consacrée (ex. : *This car isn't MINE-mine; it's my parents'*). Ce type de réduplication, qui servirait à restreindre la dénotation d'une unité lexicale en signalant une lecture prototypique par contraste avec une lecture non prototypique, ne concernerait pas uniquement, elle non plus, les catégories nominale et adjectivale, du moins en anglais (p. 312).

d'exemple, à côté de ⌊*bon bon*⌋, on rencontre un *bon* pragmatiquement rédupliqué, notamment lorsque celui-ci exprime une acceptation, réelle ou feinte, non contrainte (ex. : A : *Tu serais pas un peu paranoïaque, sur les bords ?* B : *Ah bon ! Bon bon, j'ai compris*). Ce *bon bon* se reconnaît par son tempo plutôt rapide et par le peu d'écart dans le niveau où se situent les deux *bon*. Cela étant, la RL peut provenir, de façon générale, d'une réduplication morphologique qui consiste en la modification d'un mot par la répétition de phonèmes ou de syllabes (ex. : *guéguerre* n'ayant pas la même signification que *guerre*) ; la réduplication morphologique ne se réduit pas, toutefois, à la RL (ex. : dans le langage enfantin *toto* n'est pas sémantiquement distinct de *auto*). La RL peut aussi être le résultat, on le voit, d'un redoublement de mots où le composé a une signification qui ne se résume pas à la somme de ses composantes (ex. : ⌊*bon bon*⌋, mais aussi ⌈*moitié-moitié*⌉, ⌈*copain-copain*⌉, ⌈*donnant-donnant*⌉ ; Schapira 1988).

Par ailleurs, nous dirons qu'il y a *répétition* lorsqu'un même marqueur est utilisé successivement dans deux sens distincts (ex. : *ces jeunes-là là*).

Le présent article poursuit deux objectifs.

Nous voulons d'abord préciser le rôle de la RPr du marqueur *là* en français québécois telle qu'illustrée en (1). Pour y parvenir, nous dégagerons d'abord les divers sens exprimés par le marqueur lorsqu'il est seul. Cela permettra ensuite d'identifier ceux qui sont susceptibles d'être soumis à une RPr.

(1)   Le matin j'écoute le matin… Roy *là là*. Pis là, il y a plus rien, c'est fini l'été.

Nous entendons également déterminer si la RPr des MD se manifeste de façon plus ou moins analogue à celle qui affecte d'autres classes grammaticales, comme celle de l'adjectif notamment. En particulier, nous tenterons d'établir si le trait relatif à l'intensification est approprié pour décrire ce cas de réduplication. L'hypothèse que nous avancerons est que la notion d'intensification n'est pas adéquate pour cerner le phénomène en question, si on désigne par *intensification* une catégorie sémantique correspondant au sens « très » (en anglais : « very X » dans Wierzbicka 1986 : 289 ; « really X » dans Ghomeshi *et al.* 2004 : 309). On ne peut qu'intensifier des mots qui présentent un caractère graduable, d'où le contraste entre *Il est très gentil / Il est gentil gentil* et ?*Le mur est très bleu / ?Le mur est bleu bleu* (Wierzbicka 1986 : 89)[2]. En nous inspirant de Wierzbicka (1986) qui s'intéresse au phénomène de la réduplication dite « syntaxique » de mots pleins en italien, nous proposerons que la RPr des MD concerne essentiellement l'engagement du locuteur face à son dire et qu'elle lui sert à réaliser un acte illocutoire à valeur modale d'insistance.

L'intérêt d'examiner l'unité *là* et sa forme redoublée dans le cadre d'un questionnement relatif aux MD est assez évident. Il s'agit d'un cas typique qui

---

2. Il est toujours possible qu'un adjectif non graduable soit interprété de façon graduable, comme dans *Le ciel était bleu bleu (bleu)* ou encore *Ce matin là, il y avait un ciel très bleu*. Ces exemples suggèrent l'existence d'une variation en intensité de la couleur bleue du ciel, celui-ci pouvant notamment être perçu comme moins bleu par endroits à cause des nuages.

illustre le mouvement évolutif observé, il y a longtemps, relativement à la migration de mots à valeur spatiale et temporelle vers le statut d'unités qui jouent un rôle au plan textuel (Fillmore 1971 ; Lyons 1980, 1982 ; Levinson 1983 ; sur *là* dans cette perspective, v. Smith 1995). Dans un chapitre consacré à l'examen de termes déictiques, Levinson (1983 : 85) attire l'attention sur le fait que le texte se déroule dans le temps, si bien qu'il apparaît naturel qu'une même unité puisse jouer sur les deux plans (ex. : *puis, alors, maintenant*). L'auteur note également l'usage répandu de termes déictiques spatiaux en tant que déictiques textuels (ex. : *ceci, cela, ça*, de même que *plus haut, plus bas* dans un texte écrit). Ce passage d'un usage déictique temporel/spatial à un usage déictique textuel est doublé, dans certains cas, d'un changement dans la portée des marqueurs : ceux-ci quittent alors le domaine intraphrastique pour jouer un rôle extraphrastique. Ils deviennent, en pareille situation, soit connecteurs textuels, soit MD. Or c'est justement lorsqu'il est MD que *là* est susceptible d'être rédupliqué (cf. plus loin *là*7–8). Étant donné l'emploi répandu de la séquence *là là* dans certaines variétés de français, celle-ci apparaît donc comme un cas idéal pour entreprendre une première incursion du côté de la réduplication des MD et, de façon plus spécifique, du côté de la RPr de ce type de mots.

Pour l'heure, il serait difficile de préciser si la RPr de *là* varie en fréquence selon l'axe topolectal. La recherche sommaire que nous avons pu effectuer dans quelques corpus de français parlé en France a permis de retracer un petit nombre d'exemples comparables à ceux que nous nous proposons d'examiner (cf. en particulier la banque de données ELICOP). Barberis (1987 : 34) signale, elle aussi, quelques cas de redoublement du *là* dit « de clôture » prélevés dans un corpus de français parlé à Montpellier. Dans les corpus du français de France auxquels nous avons eu accès, il y a en fait une utilisation marquée de la séquence ⌐oh là là⌐. Cette séquence diffère cependant du *là* que nous entendons traiter, puisqu'il s'agit d'un phrasème (c'est-à-dire d'une expression) autonome qui n'existerait pas sans *oh*.

2. *LÀ* EMPLOYÉ SEUL

Les études consacrées à *là* ont porté jusqu'ici sur un emploi particulier du marqueur avec, parfois, quelques observations sur un autre de ses emplois : emploi spatial chez Kleiber (1995), Smith (1995) et Lorentzen (2001), et emploi discursif (cf. principalement *là*8 ci-dessous) chez Barberis (1987, 1989), Forget (1989), Vincent et Demers (1994), Arrighi (2002) et Grosse (2006). Dans le cadre d'une étude visant à aborder la problématique de la RPr, il semble incontournable d'avoir à l'esprit une vue schématique des divers sens exprimés par le marqueur. C'est sur cette base qu'il sera possible de distinguer les séquences où il y a répétition (au sens introduit plus haut) de celles où il y a RPr à proprement parler. En outre, une réflexion plus globale sera susceptible d'apporter un nouvel éclairage sur les usages discursifs de *là* employé seul – ce qui n'est pas à dédaigner car la RPr ne concerne, nous l'avons dit, que les cas où il est MD.

Nous distinguons quatre grands domaines sémantiques dans lesquels *là* se manifeste : la deixis spatiale, la deixis temporelle, l'anaphore et la deixis textuelle. Les domaines en question ne sont pas étanches les uns par rapport aux autres. À titre d'exemple, on rencontre un *là* anaphorique avec une dimension spatiale et un *là* anaphorique avec une dimension temporelle. C'est dire, du coup, que le marqueur est envisagé comme un polysème : les sens qu'il exprime sont liés entre eux, soit directement, soit indirectement. La perspective polysémique retenue (appuyée entre autres sur Mel'cuk *et al.* 1984-1999), nous incite à utiliser ci-dessous un système de numérotation (cf. *là***1**, *là***2**, etc.), afin de faciliter le repérage des sens discutés[3]. À ce titre, *là***7–8** correspondent à des emplois de MD à proprement parler, dans la mesure où ils rencontrent les propriétés habituellement attribuées à cette classe de mots (v. la présentation au présent numéro). De plus, comme nous le vérifions ci-après, ils se distinguent des six premiers *là* qui acceptent diverses constructions syntaxiques (clivage, négation, interrogation, enchâssement…) exclues lorsqu'une unité agit comme MD.

Sans plus tarder, il convient de préciser dans quels sens les termes voisins de *deixis* et d'*anaphore*, qui font toujours l'objet d'enjeux théoriques et descriptifs importants (Kleiber 1995, Sidnell 1998, Lenz 1999), sont utilisés. Nous retenons à ce propos les distinctions présentées de façon synthétique dans Levinson (1983) qui s'appuie lui-même sur les études de Fillmore et de Lyons (Fillmore 1971 ; Lyons 1980, 1982). Aux trois catégories traditionnelles de la deixis, à savoir la deixis de la personne, du lieu et du temps, celui-ci ajoute la deixis de texte (ou de discours, souvent reprise par la suite, ex. : Ehlich 1989, Sidnell 1998, Claridge 2001) et la deixis sociale qu'il définit comme suit :

– la deixis textuelle concerne l'encodage dans l'énoncé d'une référence à une portion de texte antérieure ou postérieure au point où en est rendu le locuteur/auteur dans son texte (ex. : dans *Cela dit, je n'y vais pas*, le mot *cela* est déictique textuel) ;

– la deixis sociale concerne l'encodage dans l'énoncé de distinctions sociales relatives aux interactants, notamment la relation qui existe entre eux (ex. : le choix entre *tu* ou *vous*).

Dans la terminologie retenue, la deixis textuelle diffère de l'anaphore en ce que cette dernière se rapporte à l'usage d'une expression (souvent un pronom) qui renvoie au même référent qu'un terme qui précède dans le discours (ex. : dans *Sophie est allée à Paris. Elle a fait un très beau voyage*, *Sophie* et *elle* sont coréférentiels). La deixis et l'anaphore ne s'excluent pas mutuellement. Ainsi, dans *Je suis né à Québec et je vis là-bas depuis ce temps*, l'expression *là-bas* est à la fois anaphorique (puisqu'elle est coréférentielle à la ville de Québec) et déictique

---

3. Nous ne prétendons pas offrir une description exhaustive de l'ensemble des sens exprimés par le marqueur examiné. Nous visons plutôt une présentation synthétique qui laisse à l'écart quelques emplois dérivés, moins cruciaux pour la problématique au cœur de notre étude (ex. : « Je ne suis pas *là* » dans le sens de 'J'ai la tête ailleurs' dérivé métaphoriquement du sens spatial concret « Pierre n'est pas *là* »).

spatiale (puisqu'elle suggère que le locuteur ne se trouve pas à Québec, au moment où il produit l'énoncé).

Les distinctions qui viennent d'être introduites, nous le savons bien, sont extrêmement schématiques ; il faudrait éventuellement en ajouter d'autres, par exemple celles parfois faites entre anaphore (cf. anaphore rétrospective) et cataphore (anaphore anticipante). Nous estimons néanmoins qu'elles suffisent pour effectuer une première esquisse globale de *là* et nous permettre ensuite de passer à la problématique, plus centrale pour nous, des usages discursifs du marqueur et à celle de leur RPr.

2.1. Emploi déictique spatial

Là (*là1*), souvent accompagné d'un geste de « pointage » complémentaire (Sidnell 1998 : 4), notamment de la main, est un déictique spatial en (2)–(4). Comme le montrent ces exemples, il peut être le focus d'une phrase clivée, être mis sous forme interrogative ou encore être précédé d'une négation.

(2)   C'est *là* qu'il l'a mis.

(3)   Où est-ce que t'as caché les biscuits ? [En pointant une armoire :] *Là* ?

(4)   Pas *là* ! Ici !

Les réflexions relatives à l'usage spatial du marqueur ont été principalement axées sur l'identification des différences qui le séparent de *ici* et *là-bas* (entre autres, Kleiber 1995, Smith 1995). À ce sujet, Kleiber (1995) propose une analyse unitaire selon laquelle *là* serait un adverbe anaphorique. Cette analyse repose sur une définition renouvelée du concept d'« anaphore », puisqu'il est clair que *là* n'est pas toujours anaphorique au sens habituel (ex. : *Tiens donc ! Marie est là*). La notion d'anaphore renvoie pour G. Kleiber à « un référent déjà *donné* ou *manifeste* ou encore *accessible* ». Malgré son intérêt, nous nous en tiendrons aux distinctions introduites plus haut et, de ce fait, à une approche plus classique de *là1* très bien illustrée dans Smith (1995). Ce dernier conclut que *là* serait moins subjectif que *ici*, c'est-à-dire que *là* « semblerait correspondre à un moindre degré d'engagement de la part du locuteur » (p. 49), mais que, tout comme *ici*, il porterait le trait /–ÉLOIGNÉ/, contrairement à *là-bas*. Cela étant, *là1* pourrait, en première approximation, être paraphrasé de la façon suivante : « En ce lieu, qui n'est pas éloigné de celui où soit moi, soit toi, soit les deux, nous nous trouvons en ce moment, qu'il t'est possible de repérer (grâce au geste que je fais) ».

2.2. Emploi déictique temporel

Lorsque *là* est un déictique temporel (*là2*), il réfère soit au présent de l'énonciation stricto sensu comme en (5), soit au présent de parole élargi comme en (6). Son comportement l'apparente donc à d'autres marqueurs temporels dont *maintenant*. C'est que le présent n'a pas de délimitation stricte, ce que traduit l'ambivalence des marqueurs en question. Lorsque *là* réfère au présent de l'énonciation, il commute en particulier avec *immédiatement* ; lorsqu'il réfère au présent de parole élargi, il pourrait être remplacé par *pour l'instant, pour tout de suite* et *en ce moment*. Par ailleurs, *là2* accepte le clivage en (7), l'interrogation en (8), la négation et l'enchâssement en (9). En première approximation, il pourrait être défini comme suit : « En ce moment, qu'il t'est possible d'identifier, qui coïncide (de façon plus ou moins précise) avec le moment où je parle ».

(5)   Qu'est-ce que t'as, donc ? Je veux que tu m'en parles *là*, pas dans une heure.

(6)   Pour *là*, il y a pas grand-chose à faire.

(7)   [A aperçoit B qui fait son entrée :] Tiens donc ! C'est *là* que t'arrives ! Une fois que tout le monde est parti !

(8)   A : Tu viens ?
        B : Quoi ? *Là* ? T'es donc ben pressé, toi !

(9)   Pas *là* ! Plus tard ! J'ai pas le temps ! / Faut dire que *là* je suis fatigué.

L'emploi d'un déictique spatial en tant que déictique temporel est largement répandu et le cas de *là* n'a donc rien de bien exceptionnel (ex. : *puis, avant, après…*). Ce double emploi est imputable, selon Lyons (1980 : 290-291), à un principe général dit de « localisation ». En ce qui concerne la deixis spatiale et la deixis temporelle, la localisation s'effectue par rapport au lieu et au temps de l'énonciation. Mais la localisation peut aussi se faire, d'une manière plus abstraite, dans des « lieux » du texte qui se trouvent plus ou moins à proximité de celui qui est pris comme origo (Lyons 1980). On aura compris qu'on passe alors, de façon toute naturelle, de la deixis spatiale/temporelle à l'anaphore et à la deixis textuelle.

2.3. Emplois anaphoriques

2.3.1. Emplois anaphoriques avec une dimension spatiale ou temporelle

Lorsqu'il est anaphorique, *là* peut cumuler une dimension spatiale (*là*3) ou une dimension temporelle (*là*4). Il réfère alors soit à un lieu dont il a été question auparavant (*là*3) comme en (10), soit à un moment ou à une période de temps évoqués précédemment (*là*4) comme en (11). Dans le premier cas, *là* est aussi déictique puisqu'il indique que le locuteur ne se trouve pas dans le lieu indiqué. Ce *là* peut être pronominalisé par le clitique *y* et il signifie grosso modo « En ce lieu, où je ne me trouve pas, qu'il t'est possible de repérer étant donné ce qui vient d'être dit » ; il s'oppose à *ici*. Dans le second cas, il appartient au paradigme de *alors* et *à ce moment-là* et il a le sens de « Le moment, qu'il t'est possible d'identifier, étant donné ce qui vient d'être dit ». *Là*3 et *là*4 acceptent, eux aussi, le clivage, l'interrogation, la négation et l'enchâssement. Nous vérifierons ces différentes possibilités en (12) et (13).

(10)   Le voyage que j'ai le plus aimé […] c'était quand j'avais été à Acapulco, deux semaines. […]. On allait *là* pour la température, pis le temps qu'on est allé *là*, on avait eu une température idéale. <On *y* allait pour la température, pis le temps qu'on *y* est allé on avait eu une température idéale>

(11)   Quand le printemps commençait, pis ils voyaient la fonte des neiges, pis qu'ils pensaient que les chaleurs étaient pour arriver, *là*, ils entaillaient avec un vilebrequin manuel, pis le chalumeau.

(12)   C'est *là* qu'on allait pour la température./ Tu y vas ? *Là* (à Acapulco) ?/ Vas-y pas. Pas *là* (à Acapulco)./ Je pense que *là* (à Acapulco) la température est agréable.

(13)   […] en première année, en deuxième année, peut-être que c'est *là* qu'il faut insister./ Il faut insister… ? *Là* ? Déjà ?/ Non c'est pas vrai. Pas *là*. C'est trop tôt./ Je pense que *là* (durant cette période) on doit insister.

2.3.2. Emploi anaphorique sans dimension spatiale ou temporelle

Là peut encore être anaphorique sans être associé à une dimension spatiale ou temporelle (*là*5). Il est coréférentiel, en ce cas, à un groupe nominal introduit précédemment dans le discours. Ainsi, il réfère en (14) aux gens que le locuteur connaît. *Là*5 est postposé soit à un nom qui est lui-même précédé d'un déterminant déictique textuel, soit à un pronom démonstratif (ex. : *celui-là*). Il y a donc un double marquage anaphorique. Ce *là* signifie approximativement « Ce X, qu'il t'est possible d'identifier, étant donné ce qui vient d'être dit ».Comme il est clairement référentiel, il serait difficile de lui attribuer le statut de MD, même si sa position dans le SN ne permet pas de le soumettre aux tests introduits plus haut (clivage, interrogation, négation, enchâssement). Il s'oppose à *-ci*.

(14)   Je connais des gens, pis ces gens-*là*, souvent, soit qu'ils ont été à l'école, soit à l'extérieur d'ici, de la région, à Montréal, pis ils ont appris un beau parler […].

2.4. Emplois déictiques textuels

2.4.1. Emploi non discursif

Le premier *là* déictique textuel identifié (*là*6) peut apparaître en tête d'énoncé, comme en (15), mais il n'est pas restreint à cette position (ex. : *Vous me connaissez mal là*). Il renvoie à une portion du texte qui précède par rapport à laquelle une réflexion, un commentaire, etc., sont ajoutés. Il exprime grosso modo le sens « Par rapport à ce qui vient d'être dit, je précise P ». Malgré son statut de déictique textuel, *là*6 n'est pas un MD, ce que montre bien le fait qu'il accepte l'enchâssement en (15). L'un de ses substituts serait *ici*.

(15)   A : Remarquez que je pourrais vous dire que vous l'avez manipulé…
        B : Moi ? faire une chose comme ça… ?
        A : J'ai dit : « je pourrais dire ». Mais je ne le pense même pas. […]
        B : Non. *Là*, vous me connaissez mal./ Faut que je dise que *là*, vous me connaissez mal.

2.4.2. Emplois de MD

Le deuxième *là* déictique textuel (*là*7) est usité dans une narration, souvent longue. En guise d'exemple, on le retrouve à répétition en (16) dans un extrait d'un monologue de l'humoriste Y. Deschamps. Il apparaît en tête d'énoncé ou de proposition, dont il est généralement séparé par une pause. *Là*7 permet au locuteur d'édifier son discours sur des bases solides en indiquant que le texte à venir s'inscrit dans la continuité naturelle du texte qui précède. En reprenant la terminologie introduite dans Lyons (1982 : 331 et sqq), nous dirons que *là*7 est à la fois anadéictique (il pointe vers le texte qui précède) et catadéictique (il pointe vers le texte qui suit), ce dont on peut rendre compte au moyen d'une paraphrase comme la suivante : « Pour faire suite à ce qui vient d'être dit, j'ajoute P qui constitue une séquence à la fois complète et importante du message global que je désire transmettre ». *Là*7 correspond ainsi à un emploi prototypique de MD : il ne participe pas au contenu propositionnel de l'énoncé auquel il est joint et, à la manière d'autres MD, il joue un rôle méta-discursif qui consiste ici à rendre saillante une séquence narrative. Il est proche de certains emplois discursifs de *alors*, *puis*, *pis* et *fait que* en français québécois. Cependant, il s'en distingue du fait qu'il a surtout pour fonction de souligner une séquence textuelle clé en la pointant par anticipation. Au contraire, le groupe de marqueurs cités sert à rassembler, à coller ensemble les différentes séquences d'un texte afin, comme certains l'ont noté ailleurs, de le rendre fluide (Dostie 2006). Puisque ces marqueurs et *là*7 jouent un rôle complémentaire, ils sont fréquemment cumulés, tel qu'illustré en (17)[4]. Les marqueurs cumulés ne sont pas séparés par une pause et *là*7 est produit avec une intonation un peu montante qui indique justement l'existence d'une suite à venir. Cette dernière caractéristique s'harmonise bien avec le fait qu'il catalyse et oriente l'attention de l'interlocuteur vers ce qui va suivre.

(16)   P't'être qu'y est malade ? Ma mère disait : « Non. Ça s'peut pas. Y a jamais personne de malade, c'est pas lui qui va commencer çartain. » Ça fait que là, à prenait les opérations en main. *Là*, à téléphônait à toute toute la famille. Les cousins, les p'tits cousins pis toute l'affaire. *Là*, on s'réunissait toute chez celui qui s'était pas l'vé. On restait dans salle à dîner nous autres ; on avait pas l'droit d'aller dans chambre. Ça, c'tait inque ma grand-mère qui s'occupait de t'ça. *Là*, nous autres, on restait dans salle à dîner. Ma grand-mère restait à côté du lit pis à l'watchait. (*Trente ans de monologues*, 1998, Yvon Deschamps)

(17)   [...] j'y allais, pis on gagnait des toutous. *Pis là*, un moment donné, j'y suis allé, le jour, le samedi dans le jour. *Pis là*, je voulais retourner le soir, pis je savais que je pouvais pas. Fait que je m'étais déguisé avec une perruque pis tout ça. Fait que... j'arrive à l'exposition, *pis là*, j'arrive, je m'installe, je gagne mon toutou. C'était facile, du premier coup. *Fait que là*, il y a une personne qui me regardait pis c'était tout le temps la même quand on allait là.

L'apparition du deuxième *là* discursif – ou *là*8 – semble assez récente. Smith (1995 : 51) la situe vers le début du XIXe siècle. Cette datation vaut pour le français de France et les données dont nous disposons ne nous permettent pas de déterminer si elle a eu lieu avant, après ou simultanément dans la variété de français que nous étudions. Le fait que ce *là* ne semble pas avoir été présent dans le français en usage pendant l'extension coloniale en Nouvelle-France, à savoir au XVIIe siècle, est un indice frappant de la prédisposition que possèdent certains termes anaphoriques et déictiques textuels à développer des sens interactionnels hautement abstraits.

*Là*8, qui apparaît postposé dans un syntagme, correspond à l'emploi appelé ailleurs *là* « de clôture » (Barberis 1987 : 24), « marqueur de discours » (Forget 1989), « ponctuant » (Vincent et Demers 1994), « particule discursive » (Arrighi

---

4. Nous ne voulons pas suggérer que les associations mentionnées soient impossibles avec les sens non discursifs de *là*. Nous voulons souligner le fait que *là*7 ne refuse pas de telles combinaisons, ce qui porte à croire qu'il exprime un sens légèrement distinct de marqueurs comme *alors*, *puis*, *pis* et *fait que*.

2002) et « marqueur discursif » (Grosse 2006). Barberis (1987 : 37 et sqq), qui s'appuie sur les distinctions opérées par K. Bühler, fait intervenir la notion de deixis fantasmatique (la deixis *am Phantasma*) pour cerner certains aspects de son fonctionnement. À notre avis, cette notion n'aide pas à clarifier l'usage de *là*8. Pour citer Conte (1992), « dans le cas de la deixis fantasmatique, le champ d'indication est un espace mémorisé ou un espace construit dans la fantaisie » (p. 153). Ce type de deixis est possible grâce à un déplacement qui peut s'effectuer de deux façons : « déplacement (idéal) du sujet [de l'origo] dans un autre espace [un espace imaginaire] » (Conte 1992 : 158) ou « déplacement (idéal) d'un objet dans l'espace imaginaire du locuteur » (Conte 1992 : 158 ; ex. cité par Conte extrait d'une pièce de Skakespeare « Is *this* a dagger which I see before me […] ? », p. 159). Conte fait remarquer que Bühler ne mentionne pas la deixis textuelle dans ses travaux et que sa définition de l'anaphore correspond à celle que l'on donne habituellement pour caractériser la deixis textuelle. L'auteure propose alors d'intégrer ce dernier type de deixis au schéma de Bühler, ce qui aura notamment l'avantage de préserver la différence qui existe entre la deixis textuelle et l'anaphore (comme le font plusieurs auteurs ; v. le point 2). Il s'agit, pour nous, d'un retour à la terminologie introduite plus haut, celle-là même qui permet de maintenir que *là*8 est un déictique textuel. Cela n'interdit pas au marqueur d'être utilisé dans un espace textuel fantasmatique, mais il s'agit là d'une autre question. Nous percevons une nette différence entre les deux *comme ça* de l'exemple *Vous prenez une petite rue qui monte en pente comme ça/ où on passe sous l'ancien porche comme ça* (Barberis 1987 : 37) et les deux *là*8 qui pourraient y figurer à la place. Si *comme ça* semble effectivement pointer un objet (possiblement mimé) dans un espace imaginaire et correspondre à un déplacement du sujet (du locuteur) dans cet espace, *là*8 reflète plutôt le travail réflexif de ce dernier qui construit son texte au coup par coup et le livre par épisodes. Puisque *là*8 pointe à rebours les diverses phases du texte, il est anadéictique.

*Là*8 surgit à la frontière des grands constituants, c'est-à-dire qu'il est exclu, par exemple, entre un déterminant et un nom, ou encore, entre un auxiliaire et un participe passé. Il peut être utilisé en série comme en (18) et (19), et il est particulièrement usité lorsque le locuteur a un tour de parole qui est long. Ce *là* joue un rôle au plan textuel et au plan de l'organisation thématique : il assure le passage du nouveau au connu. En premier lieu, il segmente le texte, comme nous l'avons dit, en séquences ou périodes saillantes, où chacune d'elle est nouvelle. En second lieu, grâce à sa position fermante de séquence, *là*8 laisse le temps à l'interlocuteur d'intégrer, de mémoriser la nouvelle information introduite et il fait en sorte que celle-ci devienne une information connue. La narration – ou la conversation si le locuteur a atteint la fin de son tour de parole – pourra donc se poursuivre à partir d'un savoir partagé par les interlocuteurs.

(18)   Il est venu rentrer entre l'aile pis la porte. Ça a toute renfoncé *là*. L'espace pour les pieds, c'était rendu, ça avait peut-être un pied, un pied et demi *là*. Ça a quand même d'assez grosses conséquences *là*.

(19)   On allait se faire des espèces de camps dans le champ *là*, dans les arbres pis toute ça *là*, parce qu'il y avait des arbres, c'était le bois, plus loin.

La modification du statut de l'information auquel *là*8 contribue est stratégiquement importante dans la dynamique interactionnelle de l'oral, puisque l'interlocuteur n'a pas la possibilité de revenir en arrière, contrairement au lecteur d'un texte écrit qui peut toujours, lui, relire la phrase, le paragraphe, voire le chapitre précédent pour s'assurer qu'il a bien compris (Claridge 2001 : 70). *Là*8 a un côté altruiste. Mais en même temps, on le voit, il a aussi un caractère égotiste, puisqu'il sert les objectifs du locuteur : si celui-ci prend soin de placer dans son texte un marqueur comme *là*8, c'est qu'il désire fondamentalement que l'interlocuteur suive sa pensée jusqu'au bout. Son sens pourrait être représenté au moyen d'une paraphrase comme la suivante qui prend en compte à la fois son côté anadéictique et son rôle stratégique dans la progression textuelle : « La portion de texte que je viens de produire correspond à une séquence, à la fois complète et importante, du message global que je désire te transmettre ; cette séquence sera désormais considérée comme un point acquis et connu ».

Par ailleurs, *là*8 s'insère dans le sous-groupe de marqueurs que nous avons appelé ailleurs les « marqueurs de balisage » aux côtés de *t'sais* et *OK* (Dostie 2004 : 46 et sqq.). Ces derniers pourraient être utilisés en (18) et (19), en lieu et place de *là*8. Cependant, même si les trois marqueurs cités remplissent une fonction comparable du point de vue de l'organisation thématique, ils ne sont pas pour autant tout à fait équivalents sémantiquement. Lorsqu'on compare *là*8 à *t'sais* et *OK*, on constate en effet que le premier sollicite moins directement ou ouvertement la participation cognitive de l'interlocuteur que les deux autres. En d'autres termes, *t'sais* et *OK* présenteraient une trace d'intersubjectivité plus marquée. C'est sans doute parce que, tout en étant fortement pragmaticalisé, *t'sais* ne s'est pas complètement affranchi de l'influence du pronom *tu* d'origine et du verbe *savoir* ; cela en fait un marqueur particulièrement axé sur l'appel à la compréhension, par l'autre, de ce qui est dit. En ce qui concerne *OK*, la nuance sémantique indiquée pourrait découler de l'influence discrète qu'exerce toujours son sens initial d'accord (ex. : *OK ?/ Oui, OK*).

3. LA SÉQUENCE *LÀ LÀ* : *LÀ* RÉPÉTÉ ET *LÀ* PRAGMATIQUEMENT RÉDUPLIQUÉ

3.1. La répétition

Le découpage des sens de *là* que nous venons d'effectuer permet maintenant de passer à l'examen de la séquence *là là*. Avant d'attaquer la question de la RPr en tant que tel, nous dirons quelques mots des cas de répétition, c'est-à-dire des cas où *là* est utilisé successivement dans deux sens distincts. Cela se produit lorsqu'un emploi non discursif du marqueur est suivi d'un emploi discursif et, plus précisément, de *là*8. En guise d'exemple, *là*8 est précédé en (20) du *là* déictique spatial (*là*1), en (21) du *là* déictique temporel (*là*2) et en (22)–(23) de deux *là* anaphoriques (respectivement, *là*3 et *là*5). En outre, la séquence *là là* met forcément à contribution deux sens différents lorsqu'elle apparaît dans l'une ou l'autre des constructions syntaxiques particulières citées plus haut (ex. : clivage, négation, interrogation, etc.[5]). L'un des deux *là* correspond à un usage non discursif, l'autre, à *là*8. Par exemple, le premier *là* qui apparaît dans la phrase clivée en (24) est un anaphorique qui cumule une dimension temporelle (*là*4).

(20) Vous allez vous asseoir *là là*. (*là*1 + *là*8)

(21) Moi, je fais ça simplement. À l'âge qu'on a *là là*… pis ensuite de ça, c'est de l'ouvrage tout ça là. (*là*2 + *là*8)

(22) Chez ma mère aussi [on jouait de la musique]. Quand on va *là là*, on a ben du plaisir. (*là*3 + *là*8)

(23) Il y en a toujours qui mettent des bâtons dans les roues, mais ça c'est des jeunes pis des hippies pis des séparatistes. […] Ces jeunes-*là là*, c'est pas de leur faute, mais je pense qu'ils sont aveugles. (*là*5 + *là*8)

(24) Un moment donné, il a donné sa démission, pis ils en ont pris un autre. C'est *là là* que c'a a commencé à grossir. (*là*4 + *là*8)

De façon générale, nous soutiendrons que le phénomène fréquent de la répétition du *là* tient d'abord et avant tout à sa grande polysémie (deux sens différents se croisant). Cette explication ne pourrait valoir pour les cas de RPr qui ne concernent – est-il besoin de le redire ? – que ses sens discursifs (*là*7 et *là*8).

3.2. La réduplication pragmatique

La position antéposée dans l'énoncé de la séquence *là là* annonce, en (25), qu'il y a réduplication de *là*7. Le premier *là* est alors produit sur un ton un peu plus haut que le deuxième. La position fermante d'un segment textuel en (26) et (27) indique, quant à elle, une réduplication de *là*8. Le deuxième *là* est ici nettement plus bas et descendant que le premier. Dans un cas comme dans l'autre, il y a RPr et non RL. En effet, il est toujours possible de rédupliquer *là*7-8 et inversement. À chaque fois où *là*7-8 sont rédupliqués, on pourrait supprimer un des deux *là*. Autrement dit, la réduplication ne change pas, fondamentalement, la signification de *là*7 ou de *là*8. Elle surajoute une information pragmatique à celle déjà inscrite dans leur sémantisme respectif. La réduplication de *là*7 correspond, nous semble-t-il, à un désir implicite du locuteur de mettre une emphase accrue sur un point à venir considéré comme particulièrement important. Nous remarquons d'ailleurs que cette réduplication donne parfois l'impression que le locuteur s'apprête à dire quelque chose qui mérite particulièrement, à ses yeux, d'être pris au sérieux. En répliquant *là*8, le locuteur insisterait sur l'idée que la portion de texte qu'il clôt, au moyen du marqueur, est complète et importante, et qu'elle réfère désormais à quelque chose de connu.

(25) Je repasse la vadrouille, je secoue les tapis. J'époussette de nouveau et puis, c'est ça, ensuite là, ben… *Là là* des fois, j'ai une chance de tailler, de coudre, de prendre ma couture, pis mon raccommodage est pas mal fait.

---

5. En fait, un seul des deux *là* est le focus de la phrase clivée, de la négation ou de l'interrogation.

(26)   Elle s'en venait avec une de ses petites amies, pis une auto l'a fauchée. Tuée raide. Ben tuée raide… disons… casser les reins *là là*, une fracture du crâne ah ! Toute démantibulée. Ouais, c'est ça.

(27)   J'aime les films qui… divertissants, des comédies par exemple. Pas des choses que ça se bat là… tout le temps des canons… moi j'aime pas ça. J'aime de quoi de divertissant *là là*.

De façon générale, la RPr d'un MD signifierait « J'insiste sur le sens que communique le mot X ». Par exemple, en utilisant la suite *OK OK* le locuteur insisterait, dans certains contextes, sur l'acte d'accord qu'il réalise (cf. « Je suis d'accord avec toi et j'insiste là-dessus »). De même, en répliquant *là*7, le locuteur communiquerait le sens « Pour faire suite à ce qui vient d'être dit, j'ajoute P qui constitue une séquence à la fois complète et importante du message global que je désire transmettre et j'insiste là-dessus » ; en répliquant *là*8, il voudrait dire « La portion de texte que je viens de produire correspond à une séquence, à la fois complète et importante, du message global que je désire te transmettre ; cette séquence sera désormais considérée comme un point acquis et connu – et j'insiste là-dessus ».

La RPr d'un MD relèverait donc d'une double activité :

– d'une part, le locuteur accomplirait un acte illocutoire d'insistance (cf. la paraphrase « j'insiste sur […] X » ; cf. aussi Vanderveken 1988 : 170 qui inclut *insister* parmi la liste des verbes illocutoires du français). Cet acte illocutoire serait comparable à une forme de surenchère verbale venant du fait que le mot X ne serait pas simplement dit, il serait *redit* ;

– d'autre part, le locuteur exprimerait une implication plus marquée par rapport à son dire que s'il avait utilisé la forme non répliquée. C'est pourquoi ce type de réduplication pourrait être décrit comme servant à accomplir un acte illocutoire modal, axé sur l'engagement et l'implication.

L'acte illocutoire en question serait réalisé de façon implicite et il résulterait d'une stratégie conventionnelle de discours : la RPr d'un MD orienterait, en effet, très spontanément vers l'interprétation qu'un acte d'insistance est réalisé – et pas un autre. De plus, il faut bien admettre que si la RPr de MD est un fait largement répandu[6], il existe plusieurs restrictions et dans la liste des marqueurs qui acceptent d'être répliqués, et dans le sens susceptible d'être soumis à ce processus. Ainsi, si les séquences *écoute écoute*, *mettons mettons* et *allons allons* paraissent naturelles, les suites ?*regarde regarde*, ?*disons disons* et ??*coudon coudon* semblent nettement plus curieuses. De même, lorsque *OK* est produit avec une intonation montante du type question, il résiste à la réduplication (ex. : *L'important c'est de communiquer, OK ? / *OK OK ?*), tout comme le *bon* postposé d'appui à ce qui est dit (ex. : *Je veux y aller bon./ *bon bon*). Qui plus est, bien que la réduplication dépasse « assez rarement le cadre binaire », comme l'affirme Antoine (1985 : 2), il existe quelques marqueurs qui acceptent

---

6. Cela ne concerne pas uniquement le français (v. les exemples de « multiples sayings » rapportés dans Stivers 2004 dont ceux de *allright*, *OK* et *no*).

la triplication, la quadruplication, voire la quintuplication (ex. : *OK OK OK OK OK* comme signal d'écoute et d'acceptation, mais ??*Mettons mettons mettons mettons mettons*). En outre, la RPr des MD concerne souvent les sens où ces unités réalisent un acte illocutoire et où elles ont donc le statut de mots-phrases (ex. : *OK OK*, *voyons voyons*, *tiens tiens*, *bien bien*, mais non spontanément ??*puis puis*…). Toutefois, là encore, il est impossible de généraliser : d'un côté, il existe des MD qui réalisent des actes illocutoires, mais qui ne se rédupliquent pas (ex. : ?*disons disons*, ??*coudon coudon*, ??*tu penses tu penses*…) et, de l'autre, on rencontre des MD qui ne réalisent pas d'actes illocutoires (et qui ne sont donc pas des mots-phrases), mais qui peuvent être rédupliqués (ex. : *là là*). Enfin, on aurait pu croire *a priori* que les MD monosyllabiques auraient davantage été sujets à une RPr (*tiens tiens*, *là là*, *bien bien*, *bon bon*…). Or on est bien obligé d'admettre qu'il existe malgré tout plusieurs marqueurs non monosyllabiques qui peuvent être rédupliqués (ex. : *voyons voyons*, *allons allons*, *écoute écoute*…).

Le fait qu'il y ait des contraintes quant à la RPr des MD va donc dans le sens qu'il y a bel et bien, ici, des aspects codifiés qui gouvernent ce processus, de même que l'usage des unités qui y sont soumises. C'est pourquoi il n'est pas impossible que la RL d'un marqueur passe d'abord par une phase initiale de RPr ou, en d'autres termes, que le point d'aboutissement ultime d'une RPr d'un MD soit une RL. Ce dernier cas représenterait alors la conventionalisation en langue (et plus précisément dans le lexique) d'une convention pragmatique (d'une convention d'usage), associée à un changement au plan lexical (ex. : le cas de la séquence ⌈*bon bon*⌉ cité en introduction qui n'aurait pas le même sens, dans certains contextes, que l'emploi de *bon* en solo). C'est également pourquoi la RPr serait nettement plus fréquente que la RL : le passage d'un emploi conventionné par l'usage à un emploi définitivement codé dans la langue ne serait évidemment pas obligatoire et il serait sujet à un ensemble de facteurs intrasystémiques (besoin d'exprimer un sens en particulier, renouveau dans le système, superposition d'unités qui en déclassent d'autres, etc.) et extrasystémiques (d'ordre sociolinguistique, notamment). Nous ne développerons pas davantage, pour le moment, cette hypothèse intéressante, car elle appelle une vérification en diachronie qui dépasse de beaucoup le cadre du présent article. Nous aurons sûrement l'occasion d'y revenir dans une prochaine étude.

4. CONCLUSION

Nous reprendrons, en conclusion, la question qui a animé, au départ, notre réflexion : la RPr des MD s'effectue-t-elle dans des termes apparentés à ceux qui affectent la réduplication des classes majeures, en particulier celle de l'adjectif ? La réponse négative que nous avons donnée à cette question tient au fait que la réduplication de l'adjectif servirait à intensifier et donc, en termes un peu différents, à exprimer le sens « très ». Or comme nous l'avons observé en introduction, seuls les adjectifs qui présentent un caractère graduable acceptent spontanément d'être rédupliqués (Wierzbicka 1986 : 296). En guise d'exemple, les mots *gentil*, *grand* et *gros*, qui peuvent tous trois être précédés de marqueurs d'intensification et de désintensification (ex. : *très gentil/ plus ou moins gentil, très grand/ plus ou moins grand, très gros/ plus ou moins gros*), acceptent également d'être rédupliqués (*gentil gentil, grand grand, gros gros*). Au contraire, les adjectifs qui n'expriment pas des qualités graduables, tels *ovale, rectangulaire, municipal* et *national*, ne peuvent pas être précédés de marqueurs d'intensification ou de désintensification (**très ovale/ *plus ou moins ovale, *très rectangulaire/ *plus ou moins rectangulaire, *très municipal/ *plus ou moins municipal, *très national/ *plus ou moins national*). Dans la même veine, ces différents adjectifs n'acceptent pas, de façon naturelle, la réduplication (*?une table ovale ovale/ ?rectangulaire rectangulaire, ?une décision municipale municipale/ ?nationale nationale*).

Cela dit, la définition même des MD (v. la présentation au présent numéro) interdit qu'on pense à ces unités comme si elles exprimaient une qualité graduable. À partir de ce constat, plutôt banal, il apparaît nécessaire d'aborder la question de la réduplication des MD sur des bases nouvelles, appropriées à cette classe de mots. C'est ainsi que nous avons été amenée à proposer que la RPr des MD servait à réaliser un acte illocutoire modal d'insistance par convention d'usage.

Bibliographie

ANTOINE, G. (1985), « Usage de la ''(ré)duplication'' dans le français, surtout parlé, contemporain », *in* : J.-P. Seguin (éd.), *Mélanges de langue et de littérature françaises offerts à Pierre Larthomas*, Paris, École normale supérieure de Jeunes filles, pp. 1-14.

ARRIGHI, L. (2002), « L'usage de la particule *là* dans le discours en français acadien », *Études canadiennes*, 53, pp. 17-31.

BARBERIS, J.-M. (1987), « Deixis spatiale et interaction verbale : un emploi de *là* », *Cahiers de praxématique*, 9, Montpellier, pp. 23-48.

BARBERIS, J.-M. (1989), « Deixis et balisage du parcours narratif : le rôle-pivot de l'adverbe *là* dans des récits de lutte », *Langages*, 93, pp. 45-63.

CLARIDGE, C. (2001), « Structuring text. Discourse Deixis in Early Modern English Texts », *Journal of English Linguistics*, 29 : 1, pp. 55-71.

CONTE, M.-E. (1992), « Deixis textuelle et Deixis am Phantasma », *in* : S. R. Anschütz *et al.* (éds), *Texte, Sätze, Wörter und Moneme. Festschrift für Klaus Heger*, Heidelberg, Heidelberger Orientverlag, pp. 153-161.

DOSTIE, G. (2004), *Pragmaticalisation et marqueurs discursifs. Analyse sémantique et traitement lexicographique*, Bruxelles, De Boeck, Duculot.

DOSTIE, G. (2006), « Régularité et spécificité dans le paradigme des marqueurs consécutifs. *Fait que* en français québécois », *Cahiers de lexicologie*, 89:2, pp. 75-96.

EHLICH, K. (1989), « Deixis Expressions and the Connexity Text », *in* : M.-E. Conte *et al.* (éds), *Text and Discourse Connectedness*, Amsterdam, Benjamins, pp. 33-52.

FILLMORE, C. J. (1971), « Towards a theory of deixis », *The PCCLLU Papers*, 3–4, pp. 219-241.

FLORICIC, F. et MIGNON, F. (2005), « Négation et intensité : le cas des formes rédupliquées NON NON et NO NO en français et en italien », communication, 9th International Pragmatics Conference, Riva del Garda, 10 au 15 juillet.

FORGET, D. (1989), « *Là* : un marqueur de pertinence discursive », *Revue québécoise de linguistique*, 18:1, pp. 57-83.

GHOMESHI, J. *et al.* (2004), « Contrastive focus reduplication in English (The salad-salad paper) », *Natural Language and Linguistic Theory*, 22:2, pp. 307-357.

GROSSE, S. (2006), « *Alors là… j'sais pas* – les emplois de *là* dans le français moderne », in : M. Drescher et B. Frank-Job (éds), *Les marqueurs discursifs dans les langues romanes. Approches théoriques et méthodologiques*, Frankfurt am Main et al., Peter Lang, pp. 121-140.

HAMMER, F. (1997), « Iconicité et réduplication en français », *Folia linguistica*, 31:3–4, pp. 285-300.

KLEIBER, G. (1995), « D'*ici* à *là* et vice versa : pour les aborder autrement », *Le gré des langues*, 8, pp. 8-27.

LENZ, F. (1999), « The Temporal Dimension of Discourse Deixis », *Arbeiten aus Anglistik und Amerikanistik*, 24:1, pp. 3-14.

LEVINSON, S. C. (1983), *Pragmatics*, Cambridge, Cambridge University Press.

LORENTZEN, L. R. (2001), « *Y* et *là* en emploi spatial : il y a là quelque chose de fascinant », in : H. Kromning et al. (éds), *Langage et référence. Mélanges offerts à Kerstin Jonasson à l'occasion de ses soixante ans*, Uppsala, Acta Universitatis Upsaliensis / Studia Romanica Upsaliensia, pp. 403-411.

LYONS, J. (1980), *Sémantique linguistique*, Paris, Larousse.

LYONS, J. (1982), « Deixis and Subjectivity : *Loquor, ergo sum?* », in : R. Jarvella et Klein, W. (éds), *Speech, Place, and Action. Sudies in Deixis and Related Topics*, Chichester, John Wiley & Sons Ltd., pp. 101-124.

MEL'ČUK, I. A. et al. (1984–1999), *Dictionnaire explicatif et combinatoire du français contemporain. Recherches lexico-sémantiques*, vols 1-4, Montréal, Les Presses de l'Université de Montréal.

MORIN, Y.-C. (1972), « The Phonology of Echo Words in French », *Language*, 48, pp. 97-108.

PLÉNAT, M. (1982a), « *Toto, Guignitte, Fanfan* et toute la famille », *Cahiers de grammaire*, 4, pp. 95-166.

PLÉNAT, M. (1982b), « Quatre notes sur la morphologie des hypocoristiques à redoublement », *Cahiers de grammaire*, 5, pp. 79-134.

PLÉNAT, M. (1999), « Prolégomène à une étude variationiste des hypocoristiques à redoublement en français », *Cahiers de grammaire*, 24, pp. 183-219.

RAINER, F. (1988), « La réduplication française du type *fifille* d'un point de vue diachronique », in : G. Ruffino (éd.), *Atti del XXIe Congresso Internazionale di Linguisticae e Filologia Romanza, Sezione 1, Grammatica storica delle lingue romanze*, Tübingen, Niemeyer, pp. 279–289.

SCHAPIRA, C. (1988), « Le redoublement expressif dans la création lexicale », *Cahiers de lexicologie*, 52:1, pp. 51-63.

SCULLEN, M. E. (2002), « New Insights into French Reduplication », in : C. R. Wiltshire et Camps, J. (éds), *Romance Phonology and Variation*, Amsterdam et Philadelphie, Benjamins, pp. 177-189.

SIDNELL, J. (1998), « Deixis », in : J. Verschueren et al. (éds), *Handbook of Pragmatics*, Amsterdam, Benjamins, pp. 1-28.

SMITH, J.-C. (1995), « L'évolution sémantique et pragmatique des adverbes déictiques *ici*, *là* et *là-bas* », *Langue française*, 107, pp. 43-57.

STIVERS, T. (2004), « *No no no* and Others Types of Multiple Sayings in Social Interaction », *Human Communication Research*, 30:2, pp. 260-293.

VANDERVEKEN, D. (1988), *Les actes de discours*, Bruxelles, Mardaga.

VINCENT, D. et DEMERS, M. (1994), « Les problèmes d'arrimage entre les études discursives et prosodiques. Le cas du *là* ponctuant », *Langues et linguistique*, 20, pp. 201-212.

WIERZBICKA, A. (1986), « Italian Reduplication. Cross Cultural Pragmatics and Illocutionary Semantics », *Linguistics*, 24, Pp. 287-315.

ZERLING, J.-P. (2000), « Structure syllabique et morphologique des mots à caractère onomatopéique et répétitif en français : étude phonétique », *Travaux de l'institut de phonétique de Strasbourg*, 30, pp. 115-162.

Corpus

BDTS (Banque de données textuelles de Sherbrooke), Université de Sherbrooke. Base qui comprend des textes variés (textes littéraires, entrevues, émissions de télévision, etc.). Textes en partie postérieurs à 1970 (Adresse du site : <http://www.usherb.ca/Catifq/bdts>).

ELICOP (Étude linguistique de la communication parlée), Katholieke Universiteit Leuven. Base qui comprend des textes oraux de Belgique et de différentes régions de France (Orléans, Tours, Auvergne) (Adresse du site : <http://bach.arts.kuleuven.ac.be/pmertens/corpus/search/idxframes.html>).

Gisèle Chevalier
CRLA, Université de Moncton, Nouveau-Brunswick, Canada

Les marqueurs discursifs réactifs dans une variété de français en contact intense avec l'anglais

I. PROBLÉMATIQUE [1]

Les marqueurs discursifs anglais *but, so, well,* et *because* se sont intégrés dans une variété de français qui s'est développée dans la région du sud-est du Nouveau-Brunswick (Canada) à la faveur d'un contact intense avec l'anglais. Communément appelée le « chiac », cette variété de français essentiellement orale s'alimente à trois sources principales : le français de référence contemporain, véhiculé par l'école, l'acadien traditionnel ou « vieil acadien », qui n'est plus pratiqué que par les aînés, et la variété d'anglais en usage dans la région. Nous nous proposons dans cet article de décrire le réseau de marqueurs réactifs du chiac qui se présentent en paires bilingues à l'intérieur de l'idiome, soient les paires *but/mais, well/ben, so/ça fait que* et *because/parce que*. Puisque l'emprunt est à la source de nos préoccupations, nous désignerons les variables par la forme anglaise en petites capitales, BUT, WELL, SO et BECAUSE. L'italique fera référence aux variables anglaise ou française.

Les énoncés des séries (1) à (4) [2] montrent que les variantes des deux langues commutent entre elles dans le même contexte, sans changement de sens ni de

---

1. Ce projet a bénéficié d'une subvention du CRSH (Gouvernement du Canada) dans sa phase de révision.

2. Aucun protocole de transcription n'a encore fait l'unanimité en Acadie. Une pratique répandue est de ne pas ponctuer les textes, de marquer les pauses au moyen de barres obliques, et de trafiquer l'orthographe pour conserver la texture orale et « acadienne ». Les substantifs anglais ne seront accordés que si la marque était audible. Les répétitions, hésitations et chevauchements sont signalés systématiquement. Les transcriptions ont été vérifiées par trois lecteurs expérimentés en la matière.

valeur de vérité. Ils illustrent par la même occasion certaines caractéristiques des phénomènes transcodiques dans la variété chiac.

(1a) je vas leur donner des bonnes choses *mais* nécessairement des choses que j'aime moi-même là / des granola bar pis des affaires comme ça [P : 12F33]

(1b) j'avais travaillé (=eu un emploi) *ben* pas par icitte [P : S19]

(1c) pis euh / moi / comme j'ai dit / moi je me attendais de de peut-être s'être obligée de me faire opérer dans un œil *but* pas les deux [P : S19]

(1d) comment ça se fait t'sais là (que j'ai des problèmes nerveux) [L1ouin] pis là ben c'est ça j'ai back été (=retourner) dans le foyer // pis j'aime ça [L1 mm] c'est tout l'temps ça qu'j'ai fait comme / ça fait / vingt-huit ans que j'suis dedans (=un foyer d'accueil) [L1] ouin] ça fait / t'sais là // je l'sais pas

L1 : hum / peut-être ça aussi c'est héréditaire / on sait jamais hein

L2 : peut-être [L1 ouin] t'sais là comme [L 1 hum] L2*but* j'peux pas m'lamenter / j'veux dire c'est pas du gros mal (EA : P 415)

(2a) (…) pis je veux avoir des enfants *ben* je veux avoir une famille [AM : 04F]

(2b) (…) i-y-a assez d'affaires à faire à Dieppe *well* pas Dieppe *but* Moncton ouin [AM : 04F]

(2c) [La locutrice frappe dans la fenêtre de la salle d'enregistrement]

– On a fini madame, madame, on a fini !

– *Ben*, casse pas la vitre [AM : 03F – 04F]

(3a) … ma chambre était au sous-sol et il n'y avait qu'une tout petite fenêtre (…) c'tait plein de neige *fait que* y'avait aucune aucune lumière qui rentrait [CK : H24]

(3b) C'est juste que mon père a dit a l qu'y a tchequ'affaire pour les pipes *so* faut pas laisser la draft r'ouvert [CK : F24]

(3c) [À la question : est-ce que ton groupe d'amis influence ta façon de t'habiller ?]

moi ouf / j'aime *right* du linge du linge qu'est comme loose whatever comme des jeans loose pis ça j'aime *right* porter des sweatshirt pis whatever des tee-shirt avec ça comme des Edwin pis ça pis avec des Bimini pis ça *so* / whatever moi je dirais que ça influence pas that much la façon que moi je m'habille [AM : 07M]

(4a) le ménage est pas à chaque jour // *parce que* / j'ai pas la motivit/ motivation / *à cause que* mes pilules / me fatiguent [P : 9F33]

(4b) [quand je remplis les formulaires chez le médecin] j'aime mieux l'anglais là là / l'anglais *because* / c'est des grands mots en français [EA : P532]

Dans la série de mots que nous étudions, il y a des marqueurs discursifs prototypiques tels *ben, well, ça fait / fait que* et des marqueurs qui sont moins avancés dans le processus de la pragmaticalisation. En effet, même si *but, so, parce que* fonctionnent comme MD dans les attestations (1 d), (3 c) et (6), ci-dessous, la fonction de subordonnant ou de coordonnant prévaut probablement sur la fonction discursive en discours. Dans (1 c), par contre, la fonction discursive de *but* apparaît en filigrane. Inversement, les MD prototypiques *ben* et *well* fonctionnent comme des coordonnants dans les exemples (2 a) et (2 b).

Qu'ils soient grammaticaux ou pragmaticalisés, ces marqueurs ont en commun de venir en réaction à un énoncé ou une unité discursive contigüe ou à distance. Ils signalent un point de décrochement dans la structure du discours et dans la progression thématique (Roulet *et al.* 1991). Les variables BUT, WELL, SO et BECAUSE marquent un décrochement ascendant, c'est-à-dire le retour à un acte directeur et les marqueurs *and / et, or / ou* ou *because / parce que* signalent l'introduction d'un acte subordonné à l'acte initiatif (décrochement descendant). Le marqueur constitue parfois l'acte de parole lui-même et clôt de ce fait l'échange dans les exemples (5) et (6) reconstitués à partir de situations d'énonciation observées ou vécues.

(5)   [Une grille bloque l'accès à la sortie principale. Il faut faire un détour considérable pour se rendre à la sortie secondaire]
        – Ah well !

(6)   – Pourquoi est-ce que je ne peux pas aller avec mes amis ?
        – Parce que !

Les marqueurs dans les exemples (1) à (4) sont tous effaçables sans perte de grammaticalité ni changement de valeur de vérité, au coût d'une certaine surcharge cognitive pour l'allocutaire bien évidemment, mais la cohérence est intacte. De plus, en emploi discursif ou autre, les variantes partagent le même noyau sémantique de base. Enfin, sur le plan phonologique, *mais* et *but* sont difficiles à réduire, mais *ça fait que* est réduit à *fait que* ou à *ça fait* en chiac[3]. Le figement n'est donc pas aussi avancé qu'en français québécois dont les variantes [fɛk] et [fak] n'ont pas atteint le chiac à ce jour [4].

La problématique au cœur de notre recherche est de tenter de comprendre ce qui motive l'emprunt au vocabulaire de base (fondamental) de la langue de contact dans les parlers en situation minoritaire, et selon quelles modalités se fait l'intégration de ces éléments dans le système. Théoriquement, une lacune dans le système d'une langue en situation de contact intense, c'est-à-dire quotidien, favorise l'emprunt, surtout pour les catégories où les contraintes syntaxiques sont minimes (Haugen 1969, Mougeon et Beniak 1991). Nous tentons de cerner les facteurs syntaxiques, sémantiques et pragmatiques favorables à l'intégration d'éléments grammaticaux exolingues et de comprendre la dynamique que met en branle l'apport de ces éléments dans le réseau des marqueurs réactifs des français minoritaires du Canada. Nous nous concentrons ici sur la variété acadienne du sud-est du Nouveau-Brunswick (dorénavant Sud-Est).

Dans la toute première étude consacrée au chiac, Roy (1979) décrit les fonctions des marqueurs *but, mais, ben* et *well* et tente de relier leur distribution à des facteurs sociolinguistiques. Un deuxième chapitre est consacré à *so* et *ça fait que*. Giancarli (2003) réinterprète la sémantique de *but, mais* et *ben* dans une perspective culiolienne à partir des données de Roy auxquelles il ajoute celles de Péronnet (1989) sur le parler de neuf fermiers unilingues acadiens sexagénaires. En dernier lieu, Chevalier (2002) étudie la distribution fonctionnelle des emplois de *well* et *ben*

---

3. L'hypothèse d'un conditionnement phonologique est difficile à vérifier vu le petit nombre d'occurrences.

4. Voir Dostie (2006).

dans un corpus recueilli auprès d'une population de jeunes adolescents de la ville de Dieppe (Corpus Anna-Malenfant 1994). Cette dernière étude se base sur une description lexicographique du sens de *well* dans une perspective intra-systémique, c'est-à-dire en faisant abstraction de son origine anglaise (Chevalier 2000).

Dans les paragraphes qui suivent, nous proposons un modèle qui puisse mettre en relation les variantes françaises et anglaises des marqueurs BUT, WELL, SO et BECAUSE. Partant des particularités du chiac que nous présenterons succinctement dans la section 2, nous présenterons notre méthode de travail et les données d'analyse extraites d'un échantillon d'entrevues auprès de locuteurs acadiens (section 3). La section 4 est consacrée à la recherche du modèle le plus représentatif du chiac compte tenu des usages décrits précédemment, et des modalités d'intégration des emprunts à l'anglais dans ce parler. Nous y résumerons d'abord la description des marqueurs discursifs réactifs anglais effectuée par Shiffrin (1987) afin de mettre en parallèle les réseaux français et anglais. Nous arriverons à la conclusion, à l'instar des travaux de Flikeid (1989) sur l'acadien de la Nouvelle-Écosse et de Perrot (1995) sur le chiac, qu'un modèle intégré des marqueurs anglais et français en chiac rend mieux justice au fonctionnement langagier de ces locuteurs que le modèle de Poplack (1993) fondé sur la notion d'alternance codique.

2. LA SITUATION SOCIOLINGUISTIQUE ET LINGUISTIQUE DES PARLERS ACADIENS [5]

L'Acadie est davantage une aire culturelle qu'une réalité politique. Situés géographiquement dans l'est canadien (le Nouveau-Brunswick, la Nouvelle-Écosse, l'Île-du-Prince-Édouard et Terre-Neuve et Labrador), les parlers acadiens sont issus du français des colons saintongeais et poitevins venus s'établir dans la Baie de Fundy au XVIIe siècle. La vitalité linguistique de la population acadienne du Nouveau-Brunswick s'appuie aujourd'hui sur la reconnaissance officielle du bilinguisme (anglais–français) et la création d'infrastructures francophones dans les domaines de l'éducation, de la santé, du tourisme et de la culture [6]. Les circonstances historiques, géographiques et démographiques ont fait en sorte que les variétés de français parlées dans les différentes communautés acadiennes sont clairement distinctes.

La variété « chiac » est propre à une zone géographique strictement circonscrite dans la région du sud-est du Nouveau-Brunswick [7]. Son origine

---

5. La nature du sujet abordé dans cet article impose un détour important de nature sociolinguistique et méthodologique. La justification des faits énoncés sera développée dans un ouvrage (en préparation) sur les MD en français acadien du N.-B. et dans les variétés qualifiées de « québécoises » (au Québec) et « laurentiennes » (dans les régions à l'ouest du Québec ; Papen et Chevalier 2006).

6. Voir la rubrique Acadie dans Leclerc (2000), <http://www.tlfq.ulaval.ca/axl/index.shtml>.

7. Voir Flikeid (1989) et King (2000) pour les variétés acadiennes des autres provinces de l'Atlantique.

exacte est méconnue, mais on s'entend en général pour dire que le « chiac » a pris son essor à la faveur de l'exode des populations rurales vers les centres urbains de Moncton et Shediac, bastions anglo-saxons, à l'époque de la Crise économique des années 1930 (Boudreau et Dubois 2002). De nos jours, grâce à la scolarisation de trois générations acadiennes en français, Boudreau et Dubois (2007) ont observé une situation de tri-glossie bien assumée (chiac, anglais et français) chez les locuteurs acadiens sur deux sites diamétralement opposés : le centre d'appel (télémarketing) de Moncton et le milieu artistique de la même région.

Sur le plan proprement linguistique, dans le premier ouvrage exhaustif consacré au phénomène de l'emprunt en chiac, Perrot (1995)[8] défend la thèse selon laquelle il s'agit d'une variété de langue « métissée », puisque l'on peut prévoir les zones d'usage du français et de l'anglais. Selon ses analyses tout à fait convaincantes, le moule énonciatif serait la porte d'entrée des faits anglais. Les éléments relatifs à la situation, au cadre spatio-temporel, aux participants, aux modalités subjectives et intersubjectives tendent à être exprimés en anglais. Le français se cantonne dans le noyau prédicatif et véhicule le sens descriptif, les valeurs logiques. Si des lexèmes anglais se trouvent à l'intérieur du noyau propositionnel, ils font référence à des activités quotidiennes ou ils ont une connotation affective : *des 'tites, 'tites, tiny lettres* (= de toutes petites lettres, des lettres minuscules). Sinon, la tête des SN, des SV et des SP est française. Il n'y a eu aucun emprunt dans la catégorie des prépositions. Les données des corpus et les jugements de grammaticalité de locuteurs natifs indiquent que le genre des substantifs empruntés est fixé par des déterminants français, mais qu'il fluctue considérablement : *une voiture à un car* ou *une car, des déchets* à *un garbage, une garbage*. Le pluriel est doublement marqué par la flexion du déterminant français et la flexion anglaise optionnelle du substantif : *des belles movie [movi] / des belles movies [muviz]*). Les verbes empruntés à l'anglais adoptent la morphologie française tels le verbe 'to wonder' qui devient *i wonderont*[9] (= ils se demandent pourquoi) et la périphrase verbale, étrangère au français, 'to turn out', *i turnont out* (= ils deviennent).

Ce qui caractérise peut-être le mieux l'intégration des emprunts en chiac, c'est que les mots conservent les propriétés sémantiques et syntaxiques de la langue source. Par exemple, l'usage de *right* (= *vraiment*) est une copie conforme de l'usage anglais dans le vernaculaire de Moncton[10], alors que l'adverbe *full* en québécois (c'est *full* drôle) a un comportement syntaxique étranger à celui de *full* en anglais (Chevalier et Hudson 2005).

---

8. Les aspects centraux de la thèse sont repris et condensés dans Perrot (2000) et Perrot (2001).

9. La flexion -*ont* à la troisième personne du pluriel régresse en français soutenu, mais persiste même chez les jeunes dans les milieux à réseaux fermés.

10. *Right* ne peut modifier un adjectif ou un SN en anglais contemporain, mais *it's a right big house* se dit dans l'anglais des Maritimes (Barber 1998). Il s'entend également, semble-t-il, dans d'autres vernaculaires.

3. MÉTHODOLOGIE ET DESCRIPTION DES DONNÉES

3.1. Les corpus et les outils d'extraction des données

Notre méthode d'investigation est celle de la linguistique de corpus. Les données à analyser ont été extraites de quatre corpus représentatifs du français chiac et de deux corpus témoins. La taille totale du corpus ne prête pas à un traitement statistique significatif. Nous parlerons donc d'usages possibles à vérifier par voie d'enquête ou sur des corpus de vaste couverture, plutôt que de tendances significatives. Dorénavant, l'expression « en chiac » désignera les faits attestés dans les quatre corpus suivants : le corpus « adolescent » Anna-Malenfant (1994) et les corpus « adultes » Chiac-Kasparian (1999), Parkton (1995) et East-End (2003). Le corpus sociolinguistique du Nord-Est (Beaulieu 1994) sera un appui à l'affirmation selon laquelle le chiac est une variété propre au Sud-Est. Enfin, les entrevues de la région du Sud-Est du corpus Péronnet-Kasparian (1992) témoignent du fait que le chiac est un vernaculaire que l'on occulte en situation de communication formelle.

Le dépouillement des corpus a été automatisé à l'aide de l'analyseur linguistique NooJ v1.21 (Silberztein 2004) que nous avons adapté au traitement de corpus transcrits de l'oral en français acadien et chiac (voir Chevalier, Kasparian, Silberztein 2004). Pour assurer une couverture aussi complète que possible, un dictionnaire de plus de cent expressions anglaises et françaises a été construit à partir des formes susceptibles d'être des MD. Elles ont été répertoriées dans les corpus acadiens, dans le dictionnaire bilingue *Robert-Collins* (Atkins 1995)[11] et dans les travaux linguistiques portant sur les marqueurs anglais, français et québécois. Après application du dictionnaire des marqueurs aux six corpus, les occurrences intrus ont été filtrées puis écartées de la table de concordance. Les analyses fautives sont occasionnées par l'ambiguïté formelle des graphies. Par exemple, le substantif *but* peut correspondre au substantif français *but*, au marqueur anglais *but*. Les adjectifs *cool, neat, gross*, les noms *pitié, esclave* constituent des marqueurs d'actes phatiques : *cool, neat, gross, ah pitié ! pauvre esclave !* Néanmoins, seules les formes pouvant remplir la fonction de marqueur réactif ont été prises en compte pour les fins de la présente investigation.

3.2. Présentation des données

Le tableau 1 : « Présence des MD dans les six corpus acadiens » synthétise les résultats de l'analyse lexicale. Les données sont présentées dans l'ordre d'introduction des MD anglais de l'ouvrage de Schiffrin (1987) en commençant par la colonne de gauche (*Eng* pour « english »). Les formes françaises équivalentes (colonne *Fr Réf*, pour « français de référence ») sont la première traduction suggérée dans le dictionnaire *Robert-Collins*. Enfin, dans la colonne de

---

11. Ces phénomènes considérés comme périphériques dans les dictionnaires monolingues s'imposent dans les ouvrages bilingues.

droite, se trouvent les *gloses* québécoises et acadiennes (*Fr Can* pour « français canadien »), ce qui n'exclut pas que les formes de la colonne du centre soient aussi en usage dans ces variétés. Nous reviendrons plus loin sur la double entrée de *ben* en regard de *well* dans la colonne *Fr Réf*, et de *(ben)* dans la colonne *Fr Can* en regard de *but* et *mais*.

La croix (x) indique une utilisation répandue du marqueur dans le corpus désigné. Le nombre d'occurrences n'est spécifié que lorsque le marqueur est peu utilisé (fq=5 ou moins) ou qu'il est peu répandu parmi les sujets. On lira ainsi la dernière ligne du tableau : *y'know* n'est attesté que dans deux énoncés du corpus CK et un seul dans PK. Son homologue français *t'sais* apparaît dans tous les corpus et, ce, chez la plupart des locuteurs. *Bon* se trouve 12 fois dans le corpus CK, mais dans aucun autre corpus chiac. Le tableau ne spécifie pas le nombre de locuteurs qui l'ont utilisé, mais comme la fréquence est précisée, on en déduit que c'est un usage local (de fait, un seul locuteur l'utilise). Sa présence dans les deux corpus témoins (NE et PK) milite en faveur du statut sociolectal plutôt que régional de la variante. Enfin, le Nord-Est boude les MD anglais : *and, or* et *now* n'ont aucun adepte, *because* a une présence ponctuelle à côté des formes en français de référence et canadien.

Tableau 1 : Présence des MD dans les six corpus acadiens[12].

(Eng)	P	EA	CK	AM	NE	PK	(Fr Réf)	P	EA	CK	AM	NE	PK	(Fr Can)	P	EA	CK	AM	NE	PK
oh	x	x	x		x		ah	x	x	x	x	x	x							
well	x	x	x	x			ben	x	x	x	x	x	x							
and							et	x			1	x	x	pis	x	x	x	x	x	x
but	x	x	x	x			mais	x	x	x	x	x	x	(ben)	x	x	x	x	x	x
or		1					ou alors	x	x	x	x	x	x	ou ben	x	x		1	x	x
so	x	x	x	x			alors			1		5	5	ça fait que	x	x	x	x	x	x
because	13	12	5	2			parce que	x	x	x	x	x	x	à cause	x	x	x	x	x	x
now							bon	0	0	*12*	0	x	x	en tout cas						
then	*11*	0	3	0			en ce cas							d'abord						
I mean	3		1		4		j'veux dire	x	x	x	x	x	x							
y'know			2			1	t'sais	x	x	x	x	x	x							

Les marqueurs prototypiques de la classe des réactifs, *well, but, ben, so*, de même que *pis*, viennent en tête dans tous les corpus chiac. Le répertoire des adolescents (AM) est moins diversifié que celui des adultes, pour des raisons

---

12. P : Parkton (Moncton), EA : East-End (Moncton), CK : Chiac Kasparian, AM : Anna-Malenfant, NE : Corpus du nord-est du N.-B., PK : Péronnet Kasparian.

attribuables à la maturité plutôt qu'à l'attrition, croyons-nous[13]. Il contient les formes : *ben, ah well, well, pis, so, but, parce que, ok,* et de rares occurrences de *quand même* et de *ça fait que*. Les éléments moins centraux, *car* et *puisque,* aussi et *ainsi, bien que, malgré* ne sont pas attestés ou le sont exceptionnellement quelle que soit la génération. Les grands absents sont *alors* et *bon* pour le français et, pour l'anglais, *and, or* et *then*. Les cases vides ou presque vides des rangées *now* et *then* laissent aussi songeur.

Théoriquement *now* aurait dû remplir la place laissée par *bon* (*now, lets go = bon, on y va !*). L'hypothèse que nous explorons dans un autre travail est que *OK* y pourvoit. Plutôt que de montrer des carences du chiac, les « trous » laissés dans le tableau montrent la limite du choix méthodologique que nous avons fait de ne travailler que sur les paires bilingues à ce stade-ci. C'est pourtant un passage obligé, à ce qu'il nous semble.

4. LE PARADIGME DES MARQUEURS RÉACTIFS

4.1. Les marqueurs anglais

Discourse Markers (Schiffrin 1987) est le premier ouvrage à rassembler la somme des travaux sur les marqueurs les plus saillants dans la conversation spontanée en anglais et à décrire la structuration de ce champ de façon aussi complète que didactique. Chaque marqueur y est décrit du point de vue de sa polysémie, de sa polyfonctionnalité et de ses rapports avec les autres. Les données de son corpus ont mis en avant le rôle prioritaire qui est dévolu à chacun dans la construction du discours en fonction des paramètres suivants : le plan de son contenu, la progression thématique, la cohérence et l'interaction (Ch. 10).

Rappelons les grandes lignes de sa description des différents MD afin de voir ensuite si les MD anglais ne véhiculeraient pas des valeurs sémantiques ou pragmatiques qui auraient pu sembler absentes ou peu saillantes dans la langue des locuteurs acadiens.

– *oh*, marqueur de régulation de l'information, signale que suivra une information nouvelle et inattendue (pas nécessairement immédiatement pertinente) ;

– *well* est un marqueur de réponse, dans une paire adjacente. Sa principale fonction est de préserver la cohérence du discours et de réguler les échanges entre les participants. Il signale très souvent à l'interlocuteur qu'il y a une « note discordante » dans le contexte et que l'énoncé qui vient vise à rétablir la bonne entente ;

– *and, but* et *or* sont des connecteurs d'énoncés. Ils indiquent la direction que prendra l'orientation argumentative dans l'énoncé à venir : une orientation contraire avec *but* et une orientation conséquente avec *and* et *or* ;

---

13. La diversification des connecteurs au lieu de l'archi-connecteur *pis (et)* ne débuterait qu'au début de l'adolescence (De Weck 1991).

- *because* et *so* indiquent une orientation discursive cohérente avec le contexte antécédent, tout comme *and* ou *or*, avec l'ajout d'une valeur de cause ou de résultat ;

- en emploi discursif, les adverbes temporels *now* et *then* donnent le signal à l'interlocuteur que l'échange arrive à sa conclusion ou que le thème est épuisé : il est temps de résumer et de tirer une conclusion *(then)* ou d'initier un nouveau thème découlant de l'échange précédant *(now)*. En d'autres mots, les énoncés qu'ils introduisent réfèrent « à l'effet d'une cause formulée précédemment ».

4.2. Le réseau bilingue des marqueurs

Chez les bilingues, les éléments du réseau seront sollicités alternativement selon la langue activée dans une énonciation donnée. L'alternance de code est habituellement balisée par un commentaire épi-linguistique, l'autocorrection ou encore par l'utilisation d'un marqueur. L'alternance codique implique qu'il existe, dans l'esprit du locuteur bilingue, une mise en correspondance entre les formes des deux langues. Dans leur sens prototypique, *but* est mis en relation avec *mais* et *so* avec *ça fait que*. Dans les faits, les marqueurs sont également en relation avec d'autres moins évidents tels *pis, et, and,* et *ok*. L'utilisation d'adverbes corrélatifs (voir (9) plus loin) vient brouiller la relation univoque entre les formes dans les deux langues.

Ben et *well* se situent entre les pôles de l'opposition et du résultat dans leur système respectif. On obtient ainsi une orientation argumentative allant de l'opposition à l'énoncé initiatif, vers une atténuation de l'opposition ou la conciliation, pour aboutir à la résolution. Le parallélisme tient dans certains contextes, mais le découpage des valeurs entre les marqueurs n'est pas le même dans les deux langues. En anglais, *well* entretient une relation d'antonymie polaire avec *but* alors que *mais* et *ben* sont plutôt parasynonymiques ; ils se distinguent sur la plan du registre ou de la modalité. Comparativement à son homologue anglais *well*, *ben* a un spectre plus large qui couvre le terrain de *but*, lorsqu'il commute avec *mais* en français. La forme se trouve donc associée aux variables BUT et WELL.

Le schéma ci-dessous représente le fonctionnement du réseau bilingue des marqueurs réactifs selon qu'ils introduisent des actes directeurs (axe horizontal) ou subordonnés (axe vertical). Ils sont disposés selon leur sens prototypique.

Tableau 2 : Réseau bilingue des marqueurs réactifs.

But	well	because	and	and, or	so
<opposition>	<opposition indirecte> <accord mitigé>	<cause>	<ajout>	<alternative>	<résultat>
mais ben	ben	parce que	et / pis	et/pis, ou	alors ça fait que

Les variantes de BECAUSE, AND, OR ont une force argumentative minime. Ils appuient l'orientation discursive proposée en apportant un argument à l'acte principal. AND et OR font l'ajout d'un argument et sont neutres sur le plan argumentatif. BECAUSE introduit un argument en faveur du contenu de l'acte directeur. Les marqueurs d'actes directeurs sont, quant à eux, très forts sur le plan de l'argumentation. S'appuyant sur un acte initiatif, ils déterminent son orientation discursive de la suite de la conversation. SO entérine l'orientation suggérée par l'acte initiatif. Il marque la transition vers une nouvelle voie, conséquente de l'acte antécédent. BUT et WELL sont considérés comme anti-orientés parce qu'ils indiquent un refus de la conséquence impliquée par l'acte réactif ou un refus d'accepter l'orientation suggérée. BUT signalerait une opposition catégorique, sans appel, WELL, une opposition indirecte ou un accord mitigé, attribuable à une source d'insatisfaction dans le contexte en amont ou en aval. Cette interprétation convient à l'anglais (Schiffrin 1987) aussi bien qu'au français (Chevalier 2000, 2002 ; Giancarli 2003 ; Luzatti 1982).

Pourtant, D'Ambroise et Léard (1996) de même que Bruxelles et Traverso (2001) démontrent que la notion de « note discordante » introduite par *ben* ne serait que contingente : il existe en effet des contextes où toutes les conditions de félicité sont rassemblées. Les exemples forgés, ci-dessous, montrent, à l'instar des auteurs cités ci-haut, que la variable *ben* a pour sens fondamental de reconnaître le bien-fondé du contenu décrit dans l'acte initiatif 'c'est bien'. L'appréciation positive est appuyée par un fait ou une réaction énoncés à la suite du marqueur dans (7 a). Dans (7 b et ss.) les énoncés qui suivent le marqueur atténuent ou annulent l'accord préalable mais ils fournissent des raisons ou une justification quelconque afin de résoudre les tensions que peut occasionner un refus de l'énoncé initial.

(7)   – Tiens, prends ce billet de 20 $!
(a) – Ben... merci. Je te le rendrai.
(b) – Ben jamais de la vie, c'est moi qui t'invite.
(c) – Ben c'est parce que j'ai pas eu le temps d'aller à la banque, je te le rendrai dès que j'y serai allée.
(d) – Ben, ça coûte 40 $...

Le sens de *ben* pourrait se décomposer de deux façons selon le scénario : 'c'est bien, d'autant plus que...' ou, s'il y a note discordante, 'c'est bien, mais pour telle ou telle raison, je ne peux pas être tout à fait d'accord'. En conclusion, *ben* et *well* sont des unités graduelles, *but* et *mais* des unités discrètes.

4.3. Les paires de marqueurs bilingues en chiac

Les modalités d'intégration des emprunts en chiac esquissées au point 2 nous autorisent à considérer que les MD anglais ont le même sémantisme général dans ce parler que dans leur langue d'origine ; ils ont les propriétés de leur classe dans ce code et ils héritent des sens particuliers et des contraintes qui en conditionnent l'emploi. Voilà pourquoi nous disions plus haut que les archi-marqueurs BUT, WELL, SO et BECAUSE se définissent respectivement sur la base des notions de 'opposition catégorique', 'opposition indirecte' ou 'accord mitigé', 'résultat' et 'cause'. Les variantes prennent en plus des sens particuliers influencés par les propriétés du contexte discursif dans lequel elles s'actualisent. Le tableau 3 indique différentes valeurs qui ont été attribuées aux variantes de marqueurs réactifs en conversation en utilisant la méthode de la commutation (voir les exemples 8 à 12).

Tableau 3 : Composantes sémantiques.

	mais	*but*	ben	*well*	ben+	pis	parce que	*(be) cause*	ça fait que	*so*
Opposition	x	x	x			pis après				
Opposition indirecte			x	x						
Concession			x	x						
Refus de la conséquence	x	x	x			x				
Restriction du sens	x	x	x							
Explication/cause			x	x			x	x		
Reformulation			x	x						
Ajout						x				
Alternative					ou ben					
Relation de cause à effet + proximité temporelle			x		ben là	pis là			x	x
Résultat			x						x	x
Conséquence			x						x	x
Retour à un sujet différent	x	x	x							
Transition du TdeP	x	x								x
Paires adjacentes			x	x						

Roy (1979) qualifiait déjà de « radical » l'emploi de *so* dans le chiac de Moncton. Elle estimait être témoin d'un changement en cours s'agissant de *but*. *So* était en bonne voie de supplanter *ça fait que*, plutôt rare, et *alors* n'était pas en usage. L'intégration de *but* était moins freinée par *mais*, déjà faiblement utilisé, que par *ben* qui commutait librement avec *but*. Elle a tenté d'établir une spécialisation fonctionnelle entre les variantes dans l'espoir de trouver un facteur qui permettrait de prédire le maintien de l'élément français. Elle a fait l'hypothèse que *but* aurait comme sens dominant le « refus de la conséquence » et *ben* celui de « restriction de sens ». Les tests ne se sont pas avérés concluants, trop de cas étant indécidables. L'opposition entre *ben* et *well* venait également brouiller les pistes, car si *but* peut être remplacé par *ben*, l'inverse n'est pas toujours vrai. Dans l'exemple suivant (8) repris de Roy (1979 : 111), le remplacement de *ben* par *but* ou *mais* engendre une contradiction.

(8)   on pourrait aller une journée que t'ayes le *car* (= voiture). *Ben* c'est pas loin. (12 : 175)

Sentant que son interlocuteur s'apprête à refuser de la conduire à la gare, la locutrice va au devant de l'objection en donnant un argument que *ben* rend irréfutable. Dans ce contexte, *ben* signifie « étant donné ta réaction qui ne satisfait pas mes attentes, je te signale que j'en prends note et je t'annonce que je vais te fournir un argument pour te rallier à ma proposition ». Son remplacement par *mais / but* entraînerait un contre-sens puisque la courte distance ne peut servir d'objection. Il y a donc des limites à l'équivalence inter-linguistique entre *ben* et *but*.

Il peut arriver, exceptionnellement, que *well, ben, but* et *mais* occupent le même contexte, moyennant certains ajustements des adverbiaux qui sont en corrélation avec le marqueur. Dans l'exemple suivant du corpus Anna-Malenfant, *mais* et *but* peuvent se substituer à *well* à la condition que *still* (= *tout de même, par contre*) s'efface ou soit remplacé par *par contre / par exemple*.

(9)   moi [ma mère] voulait j'aille des souliers à plat *so* j'ai eu des souliers *well* j'étais *still* pissed off [AM : L15]

(9')   … *mais / but / ben* ça m'a vraiment contrariée ('par exemple' / 'par contre')

On comprend ici que la jeune fille se plaint d'avoir eu à acheter un style de chaussure qui lui déplait pour faire plaisir à sa mère. *So* signale que l'achat des souliers est le résultat de la pression exercée par la mère. *Well* récapitule l'événement antécédent, la source de son humeur contrariée. Il signale une reconnaissance du bien-fondé de l'action ('bien, je lui fais plaisir', 'je mets fin aux tensions') mais il signale en même temps son effet négatif sur les sentiments de la jeune fille. *Still* apporte une valeur durative qui renforce la notion d'opposition exprimée par *well*. Dans la substitution par *mais, but, ben*, l'adverbe aspectuel devient superflu et même mal à propos. Le jeu des adverbiaux met par ailleurs en évidence la gradation de l'opposition entre *but / mais / ben* et *well*.

La polyvalence de *ben* ne s'arrête pas là : il y a quelques contextes dans lesquels *ben* ne commute avec aucune des deux premières variantes examinées. Roy (1979 : 108) cite des cas où *ben* perd toute valeur adversative. La commutation avec *but* et *well* devient alors inacceptable. Le rapport entre les actes initiatif et réactif s'organise autour du raisonnement *si p alors q*.

(10)   si on fait notre petite soirée, *bien* on va toutes se mettre ensemble (Roy 11 : 209)
        si… *ben / *but / *mais / *well /? en ce cas / à ce moment-là* …

(11)   à mesure qu'i en a un, *ben* on l'achète (Roy 6 : 45)
        à mesure que…*ben / *but / *mais / *well / en ce cas /? à ce moment-là* …

Ben cumule deux valeurs dans ce contexte. En premier lieu, il est marqueur d'étape dans la conversation que nous paraphraserons comme suit : 'm'étant assuré que les éléments antécédents font partie de notre univers de connaissances partagées, je te signifie, à ce point-ci, que…'. En second lieu, *ben* est marqueur d'effet circonstanciel : 'à supposer que les conditions spéculées par 'si' se réalisent, je te signifie que, dans ces circonstances, il arrive (p)' (notre paraphrase). Bien que les adverbes corrélatifs *en ce cas* et *à ce moment-là* aient un sens similaire, les résultats de la commutation mettent en évidence le fait que *ben* prend une valeur aspectuelle lorsqu'il est en corrélation avec *si* (10) et que, inversement, la valeur d'effet s'actualise dans l'énoncé où il est en corrélation avec l'adverbial d'aspect progressif *à mesure que* (11).

Dans ce contexte, *ben* se traduirait aisément par *then* en position finale. À la différence de *so*, *then* introduit un acte subordonné et met seulement en évidence le fait que son contenu découle de celui de l'acte directeur, sans établir de lien de causalité entre les circonstances. Son sens grammatical 'à cette étape-ci' prime sur son sens lexical 'bien'.

Le dernier emploi que nous présenterons illustre la fonction intensificatrice de *ben* en corrélation avec le marqueur d'alternative :

(12) alle a beaté up (= battu) tcheque fille *ou ben* tcheque fille l'a beatée up *pis* a' braillait dans la bus là (AM, L15)

Ben renforce l'opposition possible (mais non nécessaire) entre deux options tout aussi valables du point de vue de la conclusion du récit. 'Peu importe qu'elle ait été l'agresseur ou la victime d'une agression, au bout du compte, elle a pleuré quand elle est montée dans l'autobus'. L'utilisation du marqueur de consécution *pis* surprend un peu dans ce contexte qui aurait pu faire appel à un marqueur résultatif comme *so, en tout cas*, ou résomptif : *enfin, (mais) en tout cas, de toute façon, anyway*. L'extrême polysémie de *pis* contribuerait-elle à l'affaiblissement de *alors* et *ça fait que* en chiac ?

Un examen plus approfondi de la distinction entre marqueurs d'actes directeurs et marqueurs modificateurs des marqueurs principaux nous semble une voie valable à explorer dans la quête de facteurs explicatifs de l'emprunt.

4.4. Le micro-système chiac

Deux facteurs au moins permettent d'évaluer le degré d'intégration des marqueurs empruntés à l'anglais : l'opposition qu'ils rencontrent de la part des marqueurs français dans le micro-système et l'étape d'évolution où ils sont rendus selon les générations de locuteurs et leurs caractéristiques sociolinguistiques. Près de trente années après l'étude de Roy (1979), l'emploi de *so* est de plus en plus catégorique dans le corpus chiac et l'usage de *ça fait que* s'étiole. Les sujets adultes l'utilisent un peu, non pas les adolescents. Il y a un emploi absolu de *so* dans le corpus AM. L'abandon de *alors* (fq=0 dans le corpus chiac, et fq=5 dans les corpus PK et NE) remonte assez loin dans le temps si on se fie au petit corpus de « vieil acadien rural » (Péronnet 1989)[14].

De toute évidence, l'intégration de *because*, qui n'a pas retenu l'attention de Roy en 1979, n'en est qu'à ses débuts. Une minorité de locuteurs utilisent la forme anglaise, mais de façon catégorique. Chez la plupart des locuteurs, *parce que* et *à cause que* restent le mode privilégié d'expression de la cause. Enfin, les

---

14. Voici le nombre d'occurrences des variantes dans les sept entrevues : 0 *alors*, 84 *ça fait que*, 0 *so* ; 9 *but* ; 144 *mais*, 638 *ben*, 133 *well*, 14 *parce que* et 0 *because*. Quatre sujets utilisent *but*, six utilisent *well*.

variantes anglaises et françaises des marqueurs adversatifs WELL, BEN, BUT et MAIS font partie de l'idiolecte de la majorité des locuteurs.

L'intégration de *well* semble achevée, sans que *ben* soit évincé. Il a dû y avoir une redistribution des rôles. C'est surtout dans le corpus Anna-Malenfant que *well* se manifeste[15]. *Ben* et *well* ont un sens similaire, mais occupent des positions complémentaires dans le discours : *well* (fq=85) apparaît le plus souvent au changement de tour de parole. Il introduit une réponse à une question, une réaction à un acte directif. De façon corollaire, il initie souvent le discours direct dans le récit. *Ben* (fq=54) apparaît le plus souvent à l'intérieur des interventions. La majorité des locuteurs font usage des deux formes. Les deux peuvent accomplir un acte illocutoire, c'est-à-dire constituer par eux-mêmes une réplique, ou encore être marqueur d'acte illocutoire, sans qu'ils soient en variation libre pour autant. L'usage de *well* est favorisé dans le contexte d'actes conciliants, ce qui reflète son rôle primaire en anglais (Chevalier 2002). Au vu de la polyfonctionnalité de *ben* et de la spécialisation de *well* comme marqueur de tour de parole dans les échanges binaires (cf. tableau 3), il appert que *well* a été senti comme un élément original par rapport au français. C'est d'ailleurs son emploi prioritaire en anglais.

Le cas de *but* reste problématique. Les données du corpus adolescent (Anna-Malenfant) indiquent que l'amenuisement de l'usage de *mais* est nettement plus avancé chez les plus jeunes locuteurs que dans la population de jeunes adultes. Dans le corpus East-End (28 locuteurs), cinq locuteurs font un usage exclusif de *but*, dix utilisent à la fois *mais* et *but*, et douze n'utilisent que *mais*, ce qui est un revirement par rapport à la situation de 1979 décrite par Roy. Un examen méticuleux des données sociolinguistiques s'impose ici. Chez les jeunes adultes (Chiac-Kasparian), *mais* et *but* sont pour ainsi dire *ex aequo* alors que *ben* a une fréquence cinq fois plus importante (93 *mais* / 113 *but* / 518 *ben*). *Well* est plutôt rare. Chez les adolescents d'Anna-Malenfant il n'y a que 13 occurrences de *mais*, peu de sujets l'utilisent. Par ailleurs, *ben* exprime l'opposition catégorique dans 16 cas seulement (sur 70). L'emploi de *but* (101) est donc presque catégorique.

À la lumière de ces constatations, le système chiac se présenterait comme suit :

Tableau 4 : Le réseau chiac des marqueurs réactifs.

<opposition>		<opposition indirecte> <accord mitigé>		<cause>	<ajout>	<alternative>	<résultat>
ben	ben	ben	ben	ben		ou ben	ben
but		well		à`cause (be)cause	et / pis	ou	so

---

15. La simulation d'une entrevue en dyade est plus propice à l'émergence de cette forme que les entrevues sociolinguistiques classiques.

L'exercice de commutation a indiqué que *ben* couvre le spectre des notions véhiculées par les marqueurs réactifs et qu'il s'oppose à tous les marqueurs anglais, y compris *so* et les marqueurs d'acte primaire dans des contextes particuliers. Sa position typique se trouve toutefois entre *but* et *well*. L'opposition à ces marqueurs est plus apparente que réelle. Il semble que *but* ait remplacé *mais* et qu'il empiète sur le terrain de *ben* comme marqueur grammatical de l'opposition. *Well* s'est imposé comme MD interactionnel, mais n'empiète pas sur les fonctions discursives de *ben* comme MD de structuration de la conversation (Chevalier 2002). Sur ce point, il semble assumer les fonctions de *bon* en français québécois ou hexagonal, bien que l'introduction de *ok* dans notre champ d'investigation pourrait changer la donne.

Si le corpus des plus jeunes locuteurs chiac vivant dans une ville à majorité francophone, instruits en français et communiquant en français à la maison, est un bon baromètre, le répertoire de marqueurs réactifs du français acadien de registre chiac comprendra dorénavant les éléments lexicaux *but, ben, well,* et *so. Ben* conservera la possibilité de commuter avec chacune des variantes anglaises.

5. CONCLUSION

Les marqueurs anglais les mieux intégrés au chiac, *but* et *so,* sont les marqueurs d'actes réactifs directeurs. Ils s'emploient davantage comme connecteurs que comme marqueurs discursifs en chiac. Ils ont une force argumentative importante liée au fait qu'ils modifient le cours de la conversation. La fonction de *well* est principalement celle de marqueur discursif interactionnel. *Because* reste un fait marginal, peut-être à cause de sa faible valeur argumentative, suivant les prédictions de Perrot (1995). Le seul marqueur à rencontrer une opposition de la part de son homologue français est également le seul qui soit proprement discursif. C'est aussi le seul marqueur anglais qui ait pu se distinguer du français dans la perception des locuteurs acadiens, car il sert presque exclusivement de marqueur d'interaction, contrairement au marqueur hautement polyfonctionnel *bien*.

Cet aperçu conforme au modèle de l'alternance entre les codes chez les bilingues néglige l'aspect variationniste. En effet, le spectre de *ben* s'étend sur l'ensemble du continuum entre l'opposition et la conséquence, de sorte que *but* et *so* ne rencontrent peut-être pas de résistance de la part des variantes standard, mais ils en rencontrent de la part de *ben*, qui limite leur possibilité de fonctionner au niveau discursif et d'autres marqueurs de registre familier. On devrait donc envisager l'hypothèse inverse, c'est-à-dire que *but* et *so* n'auraient pas évincé leur homologue français, mais qu'ils auraient au contraire profité de leur fragilisation à cause de la pression qu'exerçait la variante familière *ben* pour s'implanter dans le français chiac.

Bien que contraignante, l'approche par le biais de paires bilingues de marqueurs pour investiguer l'effet de l'intégration de marqueurs exolingues sur le système d'une langue minoritaire a permis de brosser un tableau relativement clair de la situation, et de dégager de nouvelles pistes de recherche. Le tableau est toutefois statique, et ne rend pas compte de la dynamique qui s'opère avec d'autres marqueurs qui ne viennent pas à l'esprit dans l'optique bilingue. La prochaine étape sera d'ajouter les marqueurs *pis* et *ok* dans notre champ d'investigation et de faire une description systématique des adverbiaux comme *then, d'abord (= dans ce cas), en tout cas,* et la série *whatever, however* et *anyway.*

Bibliographie

ATKINS, B. *et al.* (1995), *Le Robert & Collins – Dictionnaire français/anglais, anglais/français,* quatrième édition, Paris, HarperCollins.

BARBER, K. (dir.) (1998), *The Canadian Oxford Dictionary,* Oxford, Oxford University Press.

BOUDREAU, A. et DUBOIS, L. (2002), « Le français à Parkton : de la back yard au centre d'appel », *Francophonies d'Amérique,* 14, pp. 29-36.

BOUDREAU, A. et DUBOIS, L. (2007), « Mondialisation, transnationalisme et nouveaux accommodements en Acadie du Nouveau-Brunswick », dans Chevalier, G. *et al.* (dir.) *Les actions sur les langues. Synergie et partenariat,* Éditions des archives contemporaines, Agence universitaire de la Francophonie, pp. 69-84.

BRUXELLES, S. et TRAVERSO, V. (2001), « *BEN* : apport de la description d'un "petit mot" du discours à l'étude des polylogues », *Marges linguistiques,* 2, pp. 38-54.

CHEVALIER, G. (2000), « Description lexicographique de l'emprunt WELL dans une variété de français parlé du sud-est du Nouveau-Brunswick », dans : Lantin, D. et Poirier, C. (dir.), *L'emprunt dans les variétés de français langue maternelle : Perspectives lexicographiques,* Québec, Presses de l'Université Laval, pp. 85-99.

CHEVALIER, G. (2002), « La concurrence entre les marqueurs 'well' et 'ben' dans une variété métissée du français acadien », dans : *Langues en contact, Canada-Bretagne (Cahier de sociolinguistique de Rennes* ; 7), pp. 65-81.

CHEVALIER, G. et HUDSON, C. (2005), « Deux cousins en français d'Amérique : *right* et *foule* », dans : Brasseur, P. et Falkert, A. (dir.), *Français d'Amérique : approches morphosyntaxiques,* Paris, Éditions l'Harmattan, pp. 272-284.

CHEVALIER, G., KASPARIAN, S. et SILBERZTEIN, M. (2004), « Éléments de solution pour le traitement automatique d'un français oral régional », dans : Véronis, J. (dir.), *La linguistique de corpus (Revue française en traitement automatique du langage* ; 45), Paris, Éditions Lavoisier, pp. 41-62.

D'AMBROISE, L. et LÉARD, J.-M. (1996), « *Bien* et *ben* en français québécois », dans : Fall, K., Léard, J.-M., Siblot, P. (dir.), *Polysémie et construction de sens,* Montpellier, Presses de l'Université Paul Valéry-Montpellier III, pp. 161-170.

DOSTIE, G. (2006), « Régularité et spécificité dans le paradigme des marqueurs consécutifs. 'Fait que' en français québécois », *Cahiers de lexicologie,* 89:2, pp. 75-96.

FLIKEID, K. (1989), « Moitié anglais, moitié français ? », dans : *Emprunts et alternance de langues dans les communautés acadiennes de la Nouvelle-Écosse* (Revue québécoise de linguistique théorique et appliquée ; 8:2), pp. 177-228.

GIANCARLI, P. D. (2003), « *Ben, mais, but,* connecteurs adversatifs en chiac », dans : *L'Acadie Plurielle,* Poitiers / Moncton, Institut d'études acadiennes et québécoises / Centre d'études acadiennes, pp. 229-268.

HAUGEN, E. (1969), *The Norwegian Language in America,* Bloomington, Indiana University Press.

KING, R. (2000), *The lexical basis of grammatical borrowing. A Prince Edward Island French case study,* Amsterdam, Benjamins.

LECLERC, J. (2000), *L'aménagement linguistique dans le monde,* <http://www.tlfq.ulaval.ca/axl/index.shtml>.

LÉARD, J.-M. (1989), « Les mots du discours : variété des enchaînements et unité sémantique », *Revue québécoise de linguistique*, 18:1, pp. 85-108.

LÉARD, J.-M. et DOSTIE, G. (1996), « Le traitement des mots à valeur grammaticale et pragmatique dans un dictionnaire québécois. Étude de cas », dans : Lavoie, Th. (dir.), *Français de France – Français du Canada*, Tübingen : Niemeyer, pp. 225-237.

LUZZATI, D. (1982), « *Ben* appui du discours », *Le français moderne*, 50:3, pp. 193-207.

MOUGEON, R. et BENIAK, E. (1991), *Linguistic Consequences of Language Contact and Restriction. The Case of French in Ontario, Canada*, New York, Oxford University Press.

PAPEN, R. et CHEVALIER, G. (dir. 2006), *Les variétés de français d'Amérique : Innovation, changement et description*. Numéro thématique (Revue canadienne de linguistique appliquée / Canadian Journal of Applied Linguistics, 9:2 ; Revue de l'Université de Moncton, 37:2).

PÉRONNET, L. (1989), *Le parler acadien du Sud-Est du Nouveau-Brunswick : Éléments grammaticaux et lexicaux*, New York, Peter Lang

PERROT, M.-È. (1995), *Aspects fondamentaux du métissage français / anglais dans le chiac de Moncton (N.-B.)*, thèse de doctorat soutenue à l'Université de la Sorbonne Nouvelle Paris III, U.F.R. du Monde anglophone.

PERROT, M.-È. (2000), « Ordre des mots et restructurations dans le chiac de Moncton : l'exemple du syntagme nominal », *Cahiers de l'Inalco*, pp. 1-3.

PERROT, M.-È. (2001), « Bilinguisme en situation minoritaire et contact de langues : l'exemple du Chiac », *Faits de langue*, 18, pp. 129-137.

POPLACK, S. (1993), « Variation theory and language contact: concepts, methods and data », dans : Preston D. (dir.), *American Dialect Research*. Amsterdam / Philadelphia, Benjamins, pp. 251-286.

ROULET, E. *et al.* (1991), *L'articulation du discours en français contemporain*, 3e édition, Berne, Peter Lang.

ROY, M.-M. (1979), *Les conjonctions anglaises* but *et* so *dans le français parlé à Moncton*, mémoire de thèse de maîtrise, Université du Québec à Montréal.

SCHIFFRIN, D. (1987), *Discourse Markers*, Cambridge, MA, Cambridge University Press.

SILBERZTEIN, M. (2004), *Logiciel NooJ* (logiciel libre, <http://perso.wanadoo.fr/rosavram/>).

WECK DE, G. (1991), *La cohésion dans les textes d'enfants. Étude du développement des processus anaphoriques*, Paris, Delachaux et Niestlé.

Corpus

1) Le *Corpus Anna-Malenfant* (20 000 mots) : 6 conversations en dyades entre jeunes de 13-14 ans invités à discuter autour d'un questionnaire ouvert (Gauvin et Chevalier 1994, Université de Moncton).

2) Le *Corpus Chiac-Kasparian H99* (84 600 mots) : Conversations spontanées entre jeunes de 18-24 ans ou entre les jeunes et leurs parents (Kasparian 1999, Université de Moncton).

3) Le *Corpus Parkton* (177 900 mots) : 29 témoignages recueillis auprès de résidents d'un quartier de niveau socio-économique faible (Poissant *et al.* 1995, CRLA, Université de Moncton).

4) Le *Corpus East-End* (530 000 mots) : 28 témoignages de femmes du quartier East End, à Moncton, interrogées dans le cadre d'une enquête sur l'état de santé des populations minoritaires (Poissant 2003, CRLA, Université de Moncton).

5) Le *Corpus sociolinguistique du nord-est du Nouveau-Brunswick* (210 000 mots). 16 entrevues auprès d'adultes de classe sociale, éducation, profession et réseau social différents. Niveau relativement faible de contact avec l'anglais, de même que le niveau de bilinguisme des citoyens (Beaulieu 1994, Université de Moncton, Campus de Shippagan).

6) Le *Corpus Péronnet-Kasparian* (35 000 mots) : 18 entrevues formelles auprès de jeunes cadres (25-30 ans) ayant une formation universitaire et oeuvrant dans des entreprises francophones ou bilingues dans trois régions du N.-B. (Péronnet et Kasparian 1992, Université de Moncton).

Kate Beeching
University of the West of England, Bristol, Grande-Bretagne

La co-variation des marqueurs discursifs *bon*, *c'est-à-dire*, *enfin*, *hein*, *quand même*, *quoi* et *si vous voulez* : une question d'identité ?

I. INTRODUCTION

Dans cet article, je me propose de faire l'étude du comportement d'un petit groupe de MD : *bon, c'est-à-dire, enfin, hein, quand même, quoi* et *si vous voulez* par une approche sociolinguistique autant que pragmatico-sémantique. J'examinerai la corrélation entre la fréquence distributionnelle de ces particules et certains aspects démographiques des sujets natifs francophones dont les énoncés paraissent dans trois corpus de français parlé et cela dans le but de mieux cerner le rôle joué par ces « particules énonciatives » dans la création d'une identité sociale.

L'article se structure de la façon suivante. La section 2 abordera la notion d'« identité », courante dans le champ des études de la sociolinguistique. La section 3 présentera une revue, quelque peu sommaire, de littérature sur le(s) sens et, éventuellement, l'évolution des sens, des marqueurs sélectionnés. La quatrième et dernière section décrira les caractéristiques des trois corpus étudiés et s'interrogera sur leur comparabilité, ainsi que sur la validité et la fiabilité des résultats que l'on pourra en obtenir. C'est également dans cette section que je présenterai les résultats de mon étude sur la variation et la co-variation des marqueurs examinés, selon le niveau d'études des sujets, leur âge et la date des enregistrements. Enfin je terminerai cet article par une discussion plus poussée des résultats obtenus.

2. LANGUE ET IDENTITÉ

Coulmas (2005 : 171-183) et Mendoza-Denton (2002 : 475-499) résument l'état présent des connaissances sur le lien entre la langue et l'identité du point de vue de la sociolinguistique dans le cadre de la tradition variationniste. Ils soulignent le dynamisme et la pluralité de nos identités, renforcé par la tradition constructiviste, qui a été entamée dans les années 1990 et selon laquelle (d'après Schiffrin 1996 : 199) « l'identité n'est ni catégorielle, ni fixe. On peut se comporter plus ou moins comme un bourgeois, plus ou moins comme une femme, etc. en fonction de ce qu'on fait et avec qui »[1]. Une des difficultés majeures à laquelle le chercheur est confronté réside dans l'explicitation des mécanismes d'identité linguistique et dans la démonstration des manières selon lesquelles les locuteurs exploitent les richesses identitaires inhérentes à la variation linguistique. Cette problématique se trouve aggravée par le stéréotypage : le comportement d'un individu peut très bien se rapprocher le mieux possible du comportement supposé d'un groupe auquel il s'identifie, mais le comportement n'est pas forcément, en réalité, celui du groupe en question. Qui plus est, ce comportement peut changer d'un moment à l'autre. Comme l'avait remarqué Le Page (1986 : 23) « nous nous comportons de la façon que – consciemment ou inconsciemment – nous considérons appropriée au groupe auquel nous voulons actuellement nous identifier »[2].

En ce qui concerne les trois corpus oraux utilisés pour mon étude, la question suivante se pose : à quel groupe social les sujets s'identifient-ils ? La notion de « paradoxe de l'observateur » remarquée par Labov (1972 : 69) est bien connue. Le comportement d'un même individu varie selon les circonstances et, devant un observateur, son comportement ne correspond pas à son comportement habituel. On peut ajouter que, si nous nous adaptons tous à notre interlocuteur (comme l'a démontré Bell 1984), à qui nos sujets s'adaptent-ils dans les entretiens spontanés qui composent les corpus de cette étude ? Les sujets s'orientent-ils vers le chercheur/ intervieweur ou, plutôt, vers un public plus large, inconnu, de sociolinguistes ou d'apprenants de la langue française ? On peut aussi se demander à quel point les sujets sont compétents dans l'adaptation de leur langue à l'identité requise ou voulue. Les formes langagières adoptées par le locuteur seront peut-être influencées par ses identifications quasi subliminales et par son niveau d'expertise stratégique. Finalement, comme l'a noté Giles (1973), il se peut que le chercheur/ intervieweur s'accommode linguistiquement aux caractéristiques sociales perçues du sujet qui, à son tour, s'accommode au chercheur. Dans l'analyse des données, même si on ne fait que compter les formes employées – et qu'on constate un marquage entre groupes sociaux dans la fréquence d'emploi de certains MD – il faut toujours en revenir à cette fluidité et à ce dynamisme. Les individus ne se comportent pas forcément toujours ainsi, mais seulement dans les circonstances tout à fait particulières de l'entretien en question. Toutefois, à force de rassembler des corpus oraux de plus en plus amples, le chercheur peut au moins se dire que, statistiquement, les échantillons fournis montrent que, au cours d'un entretien semi-spontané, certains locuteurs réagissent d'une manière différente de celle d'autres locuteurs, et il est possible d'y apercevoir une variation autant diachronique que synchronique.

Les sociolinguistes variationnistes étudient
- la variation diatopique où l'on compare les items linguistiques qui varient d'une région à une autre ;
- la variation diastratique où l'on compare une strate sociale à une autre, les strates étant normalement la classe sociale, l'âge et le sexe des locuteurs ;
- la variation diaphasique où l'on compare un style à un autre ;

---

1. Traduction faite par l'auteur.

2. Traduction faite par l'auteur.

– la variation diachronique où l'on compare les items linguistiques d'une époque à ceux d'une autre.

Dans le champ de la diachronie, il faut distinguer les études basées sur « le temps réel », c'est-à-dire où les données sont rassemblées pour les groupes comparables à des périodes fortement espacées dans le temps, et celles basées sur le « temps apparent », c'est-à-dire où les données comparent le parler de différentes générations qui existent à la même période. À cet égard, il faut aussi considérer l'effet de « gradation par âge » (l'emploi de termes qui sont particuliers à des tranches d'âge, le parler d'un bébé, d'un adolescent, d'une personne d'un certain âge, d'une personne âgée etc.). Ce qui paraît être un changement en temps apparent peut en fait refléter le phénomène de gradation par âge. Les locuteurs les plus jeunes cesseraient par exemple d'utiliser certains items linguistiques au fur et à mesure qu'ils vieillissent.

Le champ variationniste est traditionnellement dominé par la phonologie. Cependant, quelques études plus récentes (p.e. Fleischmann & Yaguello 2004) postulent que certains MD sont des signes identitaires, similaires à certains emplois phonologiques. Comme le dit Mendoza-Denton (2002 : 491) :

> *Discourse markers bear several important properties such as phonological reduction, relative syntactic freedom, and semantic bleaching that are the outcomes of grammaticalization. All of these elements may encourage flexibility of implementation.*

La présente étude vise à contribuer à ce débat sur la sémantique et la pragmatique des particules énonciatives « désémantisées », qui, selon Fernandez (1994 : 97), « tendent à retenir une partie du sens qu'expriment pleinement leurs homonymes lexématiques ». Je me propose de vérifier l'hypothèse selon laquelle le choix d'une particule peut être motivé aussi bien par sa signification identitaire que par son sémantisme (qui est en tout cas réduit).

3. BON, C'EST-À-DIRE, ENFIN, HEIN, QUAND MÊME, QUOI *ET* SI VOUS VOULEZ

Il faut dire que les marqueurs sélectionnés forment un groupe très hétérogène autant par leur position dans la phrase que par leur degré de pragmaticalisation (voir Dostie 2004). Par contre, ils se ressemblent en ce qui concerne la fréquence de leur distribution dans la langue parlée. Dans Beeching (2002 et 2005), j'ai essayé de faire la synthèse des études sur *c'est-à-dire, enfin, hein, quoi* et *quand même*. Hansen (1998 et 2005) offre des traitements très fins de *bon* et d'*enfin*. La plupart des chercheurs qui ont focalisé leur attention sur ces marqueurs ont examiné leurs caractéristiques en tant que connecteurs logiques, dans le cadre d'une analyse vériconditionnelle, mais ont négligé leurs fonctions interpersonnelles et leurs aspects sociaux et identitaires. Je retiendrai ici les aspects de ces marqueurs traités dans les études précédentes qui me semblent les plus saillants à l'oral.

Parmi les marqueurs considérés, il faut signaler tout d'abord que quatre d'entre eux, à savoir *c'est-à-dire, bon, hein* et *quoi*, sont inclus dans la liste de « marqueurs de reformulation paraphrastique » donnée par Fernandez (1994 : 176). Si nos soucis d'expression à l'oral donnent lieu à une panoplie de marqueurs qui accompagnent de telles reformulations, pourquoi en choisirait-on un plutôt qu'un autre ?

3.1. Bon

(1)   bon et même l'Inquisition l'Inquisition qu'est-ce que qu'est-ce qu'ils appli-
        quaient ils appliquaient les méthodes + de la justice de l'époque + bon + et bon
        + quelquefois on brûlait quelqu'un mais on on les écartelait < aussi mais bon
        euh (Corpus de Référence du Français Parlé (CRFP), Entretien PRI-AUX-1)

Hansen (1998) distingue les emplois interjectifs et discursifs de bon et, parmi
ces derniers, les usages en fin et au sein de la phrase. Bon peut entre autres
servir, en fin de phrase, à ponctuer les étapes successives d'une narration et le
lien entre ces usages et son sens canonique adjectival est plutôt transparent.
Hansen (1998 : 245) remarque par contre que, en position intraphrastique, bon
est souvent atténuant, qu'il exprime une certaine réserve par rapport à la valeur
de vérité du dit ou d'un terme employé. À mon avis, bon n'est alors plus discursif (connecteur), mais intersubjectif. Cette polysémie entre bon1 (narration)
et bon2 (atténuation) risque de s'avérer un facteur important dans mes interprétations des aspects identitaires de ce marqueur.

3.2. C'est-à-dire

(2)   et pour la celle qui est à aux anchois, c'est tout simplement une pâte à pain
        de mie, de la sauce pizza, c'est-à-dire des oignons, des tomates enfin tout ça
        et dessus on met des anchois et des olives noires voilà. (Corpus Beeching,
        Entretien 37, lignes 67-69)

Souvent qualifié de « Korrekturmarker » (Hölker 1988) ou « marqueur de
reformulation », c'est-à-dire sert également à introduire une explication
supplémentaire d'un mot ou d'une expression ou, même, une atténuation.
Dans le Corpus Beeching (Beeching 2002 : 121), c'est-à-dire introduit, dans la
grande majorité des cas, une explication (51 %) ou une reformulation (9.2 %).

3.3. Enfin

(3)   Oui enfin moi je suis, euh, enfin euh… euh par principe moi je dis que
        euh… tout ouvrier, enfin en France hein, tout ouvrier… doit euh… enfin,
        doit, on peut pas dire doit, enfin pour moi, doit être au moins socialiste ou
        communiste. Enfin, euh de milieu ouvrier, quoi. (Corpus Beeching, Entre-
        tien 16, lignes 1 003-1 006)

Les 14 usages d'enfin repérés par Hansen (2005 : 64) peuvent se réduire, selon
elle, à trois prototypes : un sens temporel (le in fine latin dont le terme dérive), un
sens synthétisant et un sens « réparateur ». C'est ce dernier sens qui est le plus
commun dans les textes quotidiens oraux. Enfin permet au locuteur de réparer,
reformuler, réajuster, atténuer et hésiter, comme dans l'exemple ci-dessus.

3.4. Hein

(4)   Locuteur 1 : on a on a dans l'Yonne on a euh on a Sens euh qui euh qui
        connaît euh euh enfin qui qui connaît euh comment euh euh les les enfin
        qui est devenu(e) une cité < dortoir en fait hein
        Locuteur 2 : hum hum hum de Paris (CRFP, Entretien PRI-AUX-2)

Hein, selon Doppagne (1966), « est une interjection à proscrire dès que l'on
sort du domaine de la familiarité ». D'autres chercheurs préfèrent y voir une
« sollicitation d'approbation » (Vincent 1993), une « demande d'assentiment »

(Darot et Lèbre-Peytard 1983), « un indice de consensualité » (Delomier 1995) ou, finalement, une façon de faire « accéder P au statut d'enjeu intersubjectif entre SO et SO[1] » (P=Proposition ; SO=Locuteur 1 ; SO[1]=Locuteur 2 ; Léglise 1999 : 337). Dans le Corpus Beeching, j'ai constaté (Beeching 2002 : 169) que la plupart des occurrences de *hein* correspondent à une catégorie qui peut se qualifier comme « demande d'assentiment » ou « intersubjectif ».

3.5. Quand même

(5)   les attaques de maladie dues à la pluie la plupart du temps *quand même* hein l'humidité + et puis on arrive aux vendanges vers le mois de fin {souffle} octobre quoi ici (CRFP, Entretien PRI-GAP-1)

Le sens noyau de *quand même* qui se prête à une interprétation intersubjective est bien décrit dans l'article de Moeschler et Spengler (1981 : 110) où ils disent que *quand même* facilite « la mise en acceptabilité d'une contradiction ». Beeching (2005) trace l'évolution sémantique de *quand même* du XVe au XXe siècle ; à la fin du XXe siècle on constate, dans les corpus oraux, une polysémie comprenant deux sens principaux : un sens adversatif/concessif (canonique) et un sens relationnel/atténuant. Grieve (1996 : 417) capte bien cet usage intersubjectif où il explique que :

> *In speech it is a tactical gambit which, by sketching an apparent attenuation of what might be sensed as the impropriety of an affirmation, can enable the reinforcement of the latter… it offers a justification for the statement it accompanies, even a sort of excuse or apology for it.*

Selon les comparaisons faites entre le Corpus Orléans et le Corpus Beeching (Beeching 2005 : 167sqq.), le sens relationnel de *quand même* commence à prendre la relève sur le sens adversatif/concessif canonique. Les femmes sont à l'avant-garde de ce changement. La présente étude ne fait pas de distinction entre ces deux usages, préférant traiter *quand même* comme un signe identitaire.

3.6. Quoi

(6)   Ah oui moi je, j'ai un travail qui me plaît beaucoup, *quoi*. (Corpus Beeching, Entretiens 16, ligne 312)

Ayant analysé 1 728 occurrences de *quoi* (« particule énonciative ») dans le CORPAIX, Chanet (2001) arrive à la conclusion que *quoi* indique une hésitation par rapport au caractère adéquat des informations données et signale « un ensemble de possibles énonciatifs et cognitifs ». Cette tactique permet au locuteur de co-construire le message avec son co-locuteur et indique « le désir de voir sa propre parole entrer en résonance avec une possible parole de l'autre ». Selon cette analyse, *quoi* est une particule de connivence. Dans le Corpus Beeching (Beeching 2002 : 196 sqq.), la majorité des occurrences marque une hésitation par rapport au caractère adéquat de l'expression (80 %) et témoigne de ce que c'est un marqueur davantage employé par les hommes que par les femmes. Beeching (à paraître), pourtant, démontre l'étendue de cette particule, ses taux de fréquence étant beaucoup plus élevés dans le CRFP que dans les deux autres corpus cités. Employé principalement par les hommes non bacheliers dans le Corpus Orléans en 1968, *quoi* s'est répandu et n'est plus boudé par les hommes et les femmes diplômés. La jeune génération montre un engouement particulièrement enthousiaste pour cette particule, avec des taux moyens de 50 occurrences sur 10 000 mots. Chanet (2001) remarque que *quoi* est stigmatisé, son usage étant considéré « mal parler » et associé à « je ne sais quelle appartenance sociolinguistique pas très valorisée ».

3.7. *Si vous voulez*

(7)   <sp who="t" ...[..] .. <s> d'ailleurs quand j'ai pris ces rayons-là <ph_pause v=1> le le le patron *si vous voulez* <ph_pause v=1 > hein </sp> <sp who="i" nr=150> <s> oui. </sp><sp who="t" nr=151> m'avait dit ben écoute tu pourrais peut-être faire à ce moment-là du pré-emballé <ph_pause v=1> hein (Corpus Orléans, Entretiens T001)

À mi-chemin entre *quoi* et *hein*, l'emploi métalinguistique de *si vous voulez* permet d'évoquer un décalage entre le dit et le dire et en même temps d'établir une « consensualité » avec le co-locuteur par le biais du pronom personnel. Souvent employé en co-variation avec *quand même* par les femmes d'un certain âge dans le Corpus Beeching, l'expression se voit remplacée depuis plusieurs décennies par *si tu veux* (que nous n'avons pas étudié ici).

4. ANALYSE

4.1. Les corpus interrogés

De par leur étendue diachronique (1968-2002), la comparabilité de leur mode d'enregistrement et les données démographiques qui les accompagnent, les trois corpus suivants se prêtent aux investigations proposées :

– Étude Sociolinguistique d'Orléans (1966-1970) « Corpus Orléans » : <http://bach.arts.kuleuven.ac.be/elicop>. 109 heures de français parlé (902 755 mots transcrits) ;

– Corpus Beeching (1988-1990) « Corpus Beeching » : <http://www.uwe.ac.uk/faculs/les/staff/kb/CORPUS.pdf>. 17,5 heures (155 000 mots transcrits) de français parlé, 95 locuteurs enregistrés à Paris, en Bretagne, dans le Lot et dans le Minervois ;

– Corpus de Référence du Français Parlé (Bilger, Véronis, basé sur les enregistrements du GARS) « CRFP », accessible en-ligne « à titre expérimental » par le biais d'un concordancier : <http://www.up.univ-mrs.fr/delic/crfp/> ; 40 villes en France représentées – 400 000 mots. Voir aussi Véronis (2005) pour des informations supplémentaires.

Il faut signaler que la comparabilité des corpus n'est pas tout à fait fiable (ce qui est un problème persistant dans ce champ de travail). Les chercheurs de l'ESLO, enseignants de la langue française, natifs et non natifs, à l'Université de Reading, avaient pour but de créer un corpus à des fins sociolinguistiques et pédagogiques. Ces derniers ont posé la même série de questions à tous leurs sujets. Le Corpus Beeching était également élaboré à des fins pédagogiques aussi bien que sociolinguistiques par un enseignant non-natif (l'auteur de cet article). Ce corpus contient par contre des entretiens moins structurés de longueur différente selon le sujet ; en cela, il ressemble plus au CRFP. Finalement, les chercheurs du CRFP visaient à créer un corpus de référence. Il comprend donc un échantillon de locuteurs de toutes les régions de la France (40 villes) dans trois situations différentes – publiques, privées et professionnelles ; je n'étudierai ici que les entretiens privés. Les intervieweurs dans les deux derniers cas sont plutôt (socio)linguistes qu'enseignants. Du point de vue de la diatopie, l'ESLO est limitée aux Orléanais, le COR-PAIX aux Aixois, le Corpus Beeching recouvre Paris, la Bretagne, le Lot et le Minervois et le CRFP est le plus représentatif du point de vue diatopique, avec ses échantillons tirés de 40 villes françaises. Quant à la diachronie, les 3 corpus représentent trois étapes ponctuelles : l'ESLO (1966-1970), le Corpus Beeching (1988-1990) et le CRFP (2002). Les comparaisons se font difficilement, étant donné l'impossibilité de distinguer les variations diachroniques, diatopiques et celles qui sont redevables au type d'intervieweur et au but de la collecte. Je ferai des comparaisons entre les corpus là où il convient de le faire. Mais il faut signaler que les résultats doivent être interprétés avec soin pour éviter d'extrapoler sur une variable alors qu'il se peut que c'en soit une autre qui affecte la variation linguistique.

4.2. Méthode

Toutes les occurrences des MD sélectionnées dans les trois corpus étaient isolées et soigneusement analysées pour éliminer tous les cas où la forme ne correspond pas à une fonction de MD. Par exemple, *si vous voulez* peut s'employer, bien sûr, « légitimement » dans son sens canonique suivi d'un substantif ou d'un infinitif (ex. : *Si vous voulez aller à Paris*). De même, *quoi* s'emploie non seulement d'une manière métalinguistique, mais aussi pronominalement (ex. : *À quoi penses-tu ? Je sais à quoi tu penses*). On a voulu voir si l'emploi discursif de ces termes se concentre autour de certaines classes sociales, s'il y a une corrélation entre certains termes et d'autres, et enfin, si la fréquence distributionnelle change avec le temps.

Les données étaient inscrites dans le programme de statistiques SPSS[3] qui permet des tests de significativité et de corrélation. Chaque sujet est répertorié selon son âge, de la façon suivante : 1 – 9-30 ans ; 2 – 31-65 ans ; 3 – 66 + ans.

Le répertoire contient aussi les informations relatives au sujet selon son sexe et son niveau d'études qui pourra être : 1 – fin d'études : 16 ans (les « non-bacheliers ») ; 2 – fin d'études : 18 ans (les « bacheliers ») ; 3 – un ou plusieurs diplômes de l'enseignement supérieur (les « diplômés »).

Un projet-pilote avait déjà signalé une éventuelle corrélation dans le Corpus Beeching entre l'emploi de *bon* et *c'est-à-dire* (niveau d'études 3), et entre l'emploi de *quand même, hein* et *si vous voulez* (niveau d'études 2). Nous avions aussi déjà des indices convaincants que la fréquence d'emploi de *quoi* a triplé dans les 40 ans qui séparent l'ESLO du CRFP, mais que ce marqueur continue à avoir une fréquence plus élevée parmi ceux (et de plus en plus celles) qui sont au niveau d'études 1 (Beeching à paraître).

4.3. Résultats

Une opération statistique qui permet de mieux distinguer les tendances dans les données est celle de l'analyse des facteurs. Le Tableau 1 donne les résultats d'une analyse de ce type, exécutée à l'aide de SPSS, sous forme d'une matrice componentielle pivotée. Nous avons souligné les valeurs en dessus de .3 qui signalent qu'une variable est associée à ce facteur. L'interprétation de ce type d'analyse est en premier lieu intuitif, mais peut se confirmer par des actes successifs de validation (voir Comrey 1973).

---

3. Statistical Package for the Social Sciences.

Tableau 1 : Analyse factorielle des sept MD dans les trois Corpus.

	Facteur		
	1	2	3
quand même	<u>.760</u>	.087	.104
enfin	−.079	<u>.623</u>	.138
hein	<u>.541</u>	.071	−.486
quoi	−.005	<u>.742</u>	−.328
c'est-à-dire	.081	.036	<u>.837</u>
si vous voulez	<u>.503</u>	−.242	−.059
bon	<u>.473</u>	<u>.490</u>	.234

Cette analyse démontre une corrélation très forte entre les variables constituantes des facteurs. Le premier facteur regroupe les variables *quand même*, *hein*, *si vous voulez* et *bon*. Le deuxième facteur regroupe les variables *quoi*, *enfin* et *bon*. Le troisième facteur consiste en *c'est-à-dire*. Il convient ici de remarquer les chargements négatifs de *hein* et *quoi* sur ce facteur. Le travail du chercheur est maintenant de trouver pour ces trois facteurs des étiquettes qui résument les qualités projetées par les variables en conjonction. On est tenté d'y voir une confirmation empirique des trois règles de politesse postulées par Lakoff (1975 : 64-65), à savoir : 1 – Formalité : se tenir à distance ; 2 – Déférence : donner des options ; 3 – Camaraderie : être compatissant, solidaire.

Dans mon analyse, le facteur 1 correspondrait à la déférence : ce regroupement de variables représente une façon non marquée d'être poli. Il se caractérise par l'emploi de *quand même*, *hein*, *si vous voulez* et *bon*. Je m'attendrais à ce que la grande majorité des locuteurs, surtout les 30 à 60 ans, bacheliers et diplômés, s'identifie à ce style de parler, qui est plutôt stable du point de vue de la diachronie.

Le facteur 2, pour sa part, correspond à la camaraderie : mené par *quoi*, ce facteur est associé à des valeurs sociolinguistiques peu valorisées, plutôt masculines, mais qui assurent une solidarité entre les locuteurs. Ce facteur inclut l'emploi de *enfin* et de *bon*. Je m'attendrais à ce que les locuteurs moins éduqués et les jeunes s'identifient à ce style de parler.

Le facteur 3, finalement, marque la formalité, un mode de politesse qui évite les marqueurs d'hésitation et qui est associé à des contextes didactiques dans lesquels le locuteur est placé dans un rôle d'expert ou de « professionnel ». Dans ces contextes, les locuteurs emploient *c'est-à-dire* mais évitent *hein* et *quoi*. Je m'attendrais à ce que les diplômés et les locuteurs plus âgés emploient ce style de parler.

Afin de valider ces hypothèses, j'explorerai les relations entre les MD, les trois facteurs, le niveau d'études des locuteurs et les trois corpus.

La Figure 1 révèle la relation complexe entre l'emploi des particules et le niveau d'études des locuteurs. Nos hypothèses d'une corrélation entre le niveau d'études et les facteurs sont infirmées. Il y a très peu de différence entre les taux de fréquence des facteurs des non-bacheliers, bacheliers et diplômés. Les taux sont généralement plus élevés pour la camaraderie que pour les deux autres facteurs et encore plus élevés pour les trois types chez les diplômés, mais l'analyse ANOVA[4] n'atteint pas une significativité statistique.

---

4. Analyse de Variance.

Taux moyens des trois facteurs et des MD, en fonction du niveau d'études des 203 locuteurs dans les trois corpus. 1 – « Non-bacheliers » Fin d'études : 16 ans (max.) ; 2 – « Bacheliers » Fin d'études : 18 ans ; 3 – « Diplômés » Fin d'études : diplôme(s) universitaire(s)

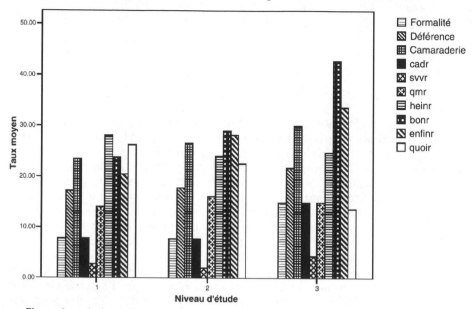

Figure 1 : cad=c'est-à-dire ; svv=si vous voulez ; qm=quand même ; r=*rate*, le taux d'occurrence sur 10 000 mots.

Quant aux MD individuels, *c'est-à-dire*, *bon*, et *enfin*, ils sont beaucoup utilisés par les diplômés (la différence entre le niveau d'études 1 et 3 dans ces graphiques se révèle par un test Mann-Whitney U qui est significatif[5]). *Enfin* et *bon* sont également plus employés par les bacheliers que par les non-bacheliers (niveau d'études 1 et 2)[6]. *C'est-à-dire*/formalité et *si vous voulez*[7] sont d'ailleurs davantage utilisés par les diplômés que par les bacheliers. *Quand même* et *hein* sont utilisés par toutes les classes presque sans distinction ; *quoi* semble être stratifié, les taux d'emploi diminuant en fonction du niveau d'études, mais ce résultat n'atteint pas le niveau de significativité statistique. Si ces MD marquent une stratification sociale quelconque, ce sera la suivante :

non bachelier	bachelier	diplômé
quoi	bon	c'est-à-dire
enfin	si vous voulez	
bon	enfin	

---

5. *C'est-à-dire*/Formalité z = –2.871 ; asymp. sig. .004 ; *bon* z = –2.651 ; asymp. sig. .008 ; *enfin* z = –2.226 ; asymp. sig. .023.

6. *Enfin* z = –1.017 ; asymp. sig. .007 ; *bon* z = –2.209 ; asymp. sig. .027.

7. *C'est-à-dire*/Formalité z = –2.338 ; asymp. sig. .019 ; *si vous voulez* z = –2.266 ; asymp. sig. .023.

Les taux de formalité, déférence et camaraderie ne diffèrent pas en fonction du niveau d'études des locuteurs. Les co-variations ne semblent pas être motivées par des raisons de stratification sociale (au moins si celle-là suit le niveau d'études du locuteur). *Quand même, hein* et *bon* n'ont pas la même stratification sociale si on en croit la Figure 1. Qui plus est, la stratification sociale de *bon* et *quoi* qui, selon le Tableau 1, sont corrélés, est diamétralement opposée ; les diplômés emploient beaucoup *bon* mais évitent *quoi*.

Le sexe du locuteur explique encore moins la variation des facteurs et marqueurs. Les femmes utilisent un peu plus *bon,* un peu moins *hein* et beaucoup moins *quoi* que les hommes, mais ces différences ne sont pas significatives (même si *quoi* frôle le niveau de significativité[8]).

L'hypothèse d'une co-variation des MD étudiés se voit confirmée, mais il apparaît qu'il existe peu de relation entre ces co-variables et les strates sociales (le niveau d'études). En effet, l'explication la plus solide de ces corrélations se trouve dans la différence entre les trois corpus – voir Figure 2.

Taux moyens des trois facteurs et des MD, en fonction du corpus ; 1 – Corpus Orléans (1966-1970) ; 2 – Corpus Beeching (1988-1990) ; 3 – CRFP (2002)

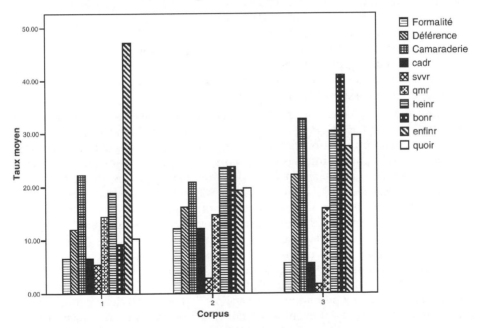

Figure 2 : cad=c'est-à-dire ; svv=si vous voulez ; qm=quand même ; r=*rate*, le taux d'occurrence sur 10 000 mots.

La Figure 2 démontre que, en général, les MD et les facteurs déférence et camaraderie sont plus présents dans le CRFP que dans les deux autres corpus

---

8. *Quoi* z= –1.812 ; asymp. sig. .07.

(la formalité étant légèrement moins présente). Une analyse ANOVA démontre que les différences entre les corpus sont significatives[9]. Un test post-hoc Tukey facilite des comparaisons multiples et on constate ce qui suit :

- le facteur formalité/*c'est-à-dire* est moins présent dans le CRFP que dans le Corpus Orléans ;
- le facteur formalité/*c'est-à-dire* est plus présent dans le Corpus Beeching que dans le CRFP ;
- le facteur déférence est plus présent dans le CRFP que dans les Corpus Beeching et Orléans ;
- le facteur camaraderie est beaucoup plus présent dans le CRFP que dans le Corpus Beeching ;
- le taux de fréquence de *bon* et de *quoi* est plus élevé dans le CRFP que dans les deux autres corpus ;
- *enfin* est plus fréquent dans le CRFP que dans le Corpus Beeching, où sa fréquence distributionnelle est à son tour moins élevée que dans le Corpus Orléans.

On est tenté d'interpréter ces variations de distribution comme des changements diachroniques. S'agit-il ici (comme je l'ai proposé provisoirement pour le MD *quoi* dans Beeching, à paraître) d'une évolution de la langue et de la société française vers un modèle de politesse plus égalitaire, plus solidaire, plus axé sur les marqueurs de déférence et de camaraderie que sur les marqueurs de formalité ? Ou s'agit-il plutôt d'une variation stylistique due à la formalité ou la non-formalité perçue de la situation de communication dans les trois types de discours enregistrés dans les corpus ?

Il faut dire que les relations intervieweurs/interviewés sont parfois moins distantes dans le CRFP que dans les deux corpus plus anciens ; même si la situation de communication est équivalente dans les trois corpus, certaines questions posées par les intervieweurs dans le Corpus Orléans (ex. : *Avez-vous un stylo à encre / un dictionnaire à la maison ?*) de même que les questions posées dans le Corpus Beeching dans les années 1980, telles que « *que pensez-vous de l'informatisation de la société ?* » auraient été impensables en 2002. Qui plus est, l'équipement employé pour enregistrer est devenu beaucoup plus discret et la plupart des personnes enregistrées ont davantage l'habitude de l'être dans les corpus plus récents. Nous ne pouvons pas exclure la possibilité que les effets d'observation se soient réduits dans le délai qui sépare les trois corpus, et que cela aurait à son tour affecté le taux de fréquence des marqueurs conviviaux. La variation dans les taux de fréquence de ces particules aurait donc certains effets diachroniques qui seraient éventuellement dus à des facteurs diaphasiques.

Quant à *bon, enfin, quoi* et le facteur camaraderie, le constat diachronique se confirme par le phénomène de temps apparent : les locuteurs plus jeunes dans le CRFP ont des taux beaucoup plus élevés de certains MD que les locuteurs plus âgés.

---

9. Formalité/*c'est-à-dire* $F = 3.462$; $p = .033$; Déférence $F = 6.192$; $p = .002$; Camaraderie $F = 7.335$; $p = .001$; *bon* $F = 10.673$; $p = .000$; *enfin* $F = 9.747$; $p = .000$; *quoi* $F = 3.376$; $p = .036$.

Figure 3 : Taux moyens des trois facteurs et des MD dans le CRFP, en fonction
de la tranche d'âge ; 1 – 18-30 ans ; 2 – 31-65 ans ; 3 – 66+ ans

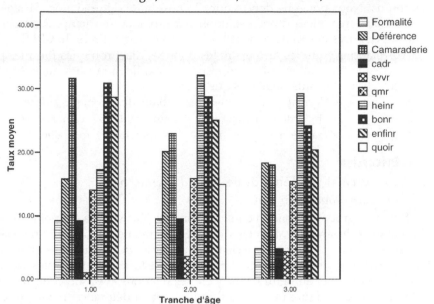

Figure 3 : Légende : cad=c'est-à-dire ; svv=si vous voulez ; qm=quand même ; r=*rate*,
le taux d'occurrence sur 10 000 mots.

La Figure 3 démontre que, dans le CRFP, il existe une stratification prononcée par tranche d'âge : un test ANOVA donne des différences significatives
sur *enfin, hein, c'est-à-dire* (formalité), *quoi,* camaraderie[10] et taux total de MD.

Les taux d'emploi de *quoi, enfin* et camaraderie sont beaucoup plus élevés
chez les 18-30 ans que chez les 66-92 ans et en fait le taux des MD est plus élevé
chez les jeunes. *Hein* et *c'est-à-dire* (formalité) sont beaucoup plus présents dans
le parler des 31-65 ans que chez les 18-30 ans, *quoi* et camaraderie étant beaucoup moins présents chez les 31-65 ans. Finalement, *enfin* et *quoi* sont beaucoup
moins présents dans le discours des locuteurs plus âgés (66-92 ans) que chez les
31-65 ans. *Si vous voulez* est rare dans le parler des jeunes.

Il convient cependant de se poser la question suivante : les jeunes de toutes les
générations ont-ils tendance à employer plus de MD du type camaraderie comme
quoi ? En d'autres termes, le phénomène que j'ai découvert dans le CRFP s'attribue-
t-il à la « gradation par âge » plutôt qu'à un changement diachronique ? L'application du même test ANOVA aux Corpus Orléans et Beeching nous permet d'étudier
les générations du passé. Or, de toutes les variables et tous les facteurs, seul *quoi* est
proche d'un niveau de significativité[11] ; mais il n'atteint pas le niveau ,05 de

10. *Enfin* F = 3.887 p = .025 ; *hein* F = 4.098 ; p = .02 ; *c'est-à-dire*/Formalité F = 3.147 ; p = .048 ; *quoi*
F = 10.484 ; p = .000 ; Camaraderie F = 11.381 ; p = .000 ; Total F = 4.309 ; p = .017.

11. F = 2.758 ; p = .068.

probabilité. Les taux de fréquence distributionnelle des facteurs formalité, déférence et camaraderie ne sont pas influencés par l'âge des locuteurs dans les deux autres corpus. Nous pouvons donc écarter la possibilité de gradation par âge et confirmer notre hypothèse d'une évolution diachronique (en temps réel) par le biais de nos données intergénérationnelles (temps apparent) tirées du CRFP.

Les corrélations entre les facteurs et les données diachroniques fournies par nos trois corpus nous amènent à proposer une explication plus nuancée et à élaborer les étiquettes plus détaillées que voici :

Facteur 1 : « Normal » – parler neutre / stabilité diachronique / déférence

Facteur 2 : « Moderne » – parler jeune / « nouveautés » / camaraderie

Facteur 3 : « Tradition » – parler vieux / en désuétude / formalité

4.4. Discussion

4.4.1. « Normal » : l'emploi de *quand même*, *hein*, *si vous voulez* et *bon*

Ce facteur regroupe les marqueurs qui sont les plus stables du point de vue diachronique et diastratique. Son taux d'usage augmente peu à peu à travers le temps, mais ces marqueurs ne s'associent pas au parler des jeunes, ni à un niveau d'études particulier. En employant ces marqueurs, le locuteur utilise un style non marqué, conventionnel ou neutre. Il négocie ses relations avec son co-locuteur et entre le dit et le dire d'une manière qui indique de la déférence, mais qui reste quelque peu distante. *Quand même* est au centre du facteur « normal » ; c'est un marqueur qui sert à atténuer une proposition qui peut paraître trop forte. *Hein*, indice de consensualité, sert à établir un contact amical, en lubrifiant le discours et les relations. La fréquence peu élevée de *si vous voulez* dans les trois corpus se réduit peu à peu ; cette expression pragmatique se voit remplacée, selon toute probabilité, par *si tu veux*. Le cas de *bon* en est un des plus intéressants. Hybride, *bon* apparaît dans les deux facteurs « normal » et « moderne ». Une hypothèse reste désormais à tester : les deux sens principaux de *bon* (marqueur d'étapes dans une narration, marqueur d'atténuation) se diviseraient-ils entre deux facteurs ? *Bon*1 (narration) serait sous « normal », tandis que *bon*2 (atténuation) se situerait sous « moderne ». Pour résumer, l'étiquette « normal » capterait le fait qu'il existe très peu de variation dans les taux de fréquence de ce facteur.

4.4.2. « Moderne » : *enfin*, *quoi* et *bon*

Ce facteur est mené par *quoi*, marqueur associé à ceux qui « parlent mal » et moins fréquent chez les diplômés. *Quoi* possède donc un prestige latent, promouvant une solidarité entre les locuteurs. C'est un marqueur qui, de surcroît, sépare le dire et le dit, indiquant une gêne par rapport au caractère adéquat de l'expression. *Enfin*, pour sa part, est souvent utilisé à l'oral spontané pour « ramifier son discours », pour atténuer et pour corriger. Tout comme *quoi*, cette particule signale le manque d'assurance du locuteur par rapport à ce qu'il dit ou la façon dont il s'exprime. Situées différemment dans le syntagme (en position finale et médiale, respectivement), ces deux particules servent à réduire l'expertise du locuteur ; elles projettent une identité modeste et véhiculent ce mode de politesse solidaire entre égaux.

Bon s'associe aussi à ce facteur, mais c'est une association moins forte. Il serait logique que *bon*2 (atténuation) soit associé à ce facteur ; une étude reste encore à faire sur ce point. *Bon* s'associe fréquemment à *puisque, parce que, et, mais* etc. dans des collocations telles que *puisque bon, mais bon, et bon, et puis bon, parce que bon, donc après bon, euh bon, bon euh, alors bon, enfin bon* et le verbe *dire* comme dans *elle m'a dit bon*, etc. Il reste un travail qualitatif très important à faire pour distinguer les usages1 (narration) des usages2 (atténuation).

À la différence de *quoi*, les deux marqueurs *enfin* et *bon* ne sont pas plus fréquents chez les non-bacheliers que chez les bacheliers et les diplômés. La co-variation n'est pas associée à la classe sociale. Il faut pourtant signaler que, comme le dit Lodge (1993 : 249), les strates sociales se différencient par le fait que les « diplômés » savent mieux changer de style. Ceux-là peuvent très bien employer les marqueurs « populaires » (une réaction dite quelquefois d'« encanaillement »), mais là où il le convient, ils éviteront de les employer. Les non-bacheliers s'accommodent moins aux usages de prestige mais, s'ils adoptent les formes populaires, ce n'est pas par ignorance, c'est parce que ces formes-là sont des symboles de la cohésion et de l'identité du groupe.

Les marqueurs *quoi, enfin* et *bon* sont beaucoup plus fréquents dans le CRFP, le corpus le plus récent, et, dans ce corpus, beaucoup plus fréquents chez les jeunes que chez les locuteurs plus âgés. L'étiquette « moderne » capte les deux tendances, à savoir la variation diachronique aussi bien que la variation diastratique liée à l'âge du locuteur. Les marqueurs *quoi, enfin* et *bon* deviennent plus fréquents, mais ils deviennent plus fréquents pour des raisons différentes. Tous les trois ont perdu leur stigmatisation (au moins chez les jeunes) mais, à la différence de *quoi, enfin* et *bon* semblent être en train de se pragmaticaliser. Comme le souligne Haspelmath (1999 : 1062), un blanchiment sémantique multiplie les occasions dans lesquelles il est possible d'employer un terme ; et si ce terme est vu positivement, ce sens « javellisé » (ou, autrement dit, pragmatiquement enrichi) peut se propager à travers la population. Ce facteur est donc caractérisé « moderne » parce qu'il fait écho à deux tendances diachroniques. D'une part, l'étendue de *quoi* est attribuable à des considérations sociolinguistiques ; d'autre part, l'étendue de *enfin* et *bon* est attribuable à la mise en oeuvre de règles intralinguistiques et sémantiques selon lesquelles les termes pragmaticalisés peuvent avoir, par nécessité, un champ d'action plus large.

4.4.3. Tradition : *c'est-à-dire*

Le facteur « tradition » est basé sur l'emploi de *c'est-à-dire* et comprend des chargements négatifs sur *hein* et *quoi*. C'est un facteur qui est lié aux contextes ou aux parlers plus formels ; le locuteur maintient une certaine distance vis-à-vis de ses co-locuteurs. C'est le seul des marqueurs qui s'utilise facilement à l'écrit et qui garde le même sens dans ces deux contextes. Quoique le taux de *c'est-à-dire* soit plus élevé dans le Corpus Beeching, il semble bien qu'il y ait une tendance vers une réduction de « tradition » au cours des quarante ans qui séparent les trois corpus. *C'est-à-dire* s'utilise fréquemment dans le discours didactique ou explicatif et il se peut que les locuteurs interviewés soient moins enclins à fournir des explications ou que les sujets de conversation du CRFP s'y prêtent moins bien que dans le Corpus Beeching. *C'est-à-dire* est associé aux parlers des « experts » ; les locuteurs dont le taux de fréquence dépasse 40 occurrences sur 10 000 mots comprennent un médecin, deux enseignantes, le propriétaire d'un camping, le responsable d'une entreprise qui loue des canoës et un employé de la SNCF. Souvent, mais pas exclusivement, ce sont des locuteurs dont le niveau d'études est plus élevé et qui « expliquent » un aspect de leur métier. Ce type d'expertise sans atténuation semble être une forme de politesse qui est moins acceptée en 2002 qu'en 1968. Comme nous venons de le voir, le cas de *quoi* va dans le sens inverse : n'étant pas très valorisé du point de vue sociolinguistique, cette particule convient très bien à des formes de politesse moins formelles axées sur la solidarité. L'étiquette « tradition » capte le fait que ce facteur est en même temps moins fréquent dans le CRFP, moins fréquent chez les jeunes et plus fréquent chez les diplômés qui adoptent un style plus formel, plus écrit, plus « traditionnel » que les non-bacheliers et les bacheliers.

5. CONCLUSION

Les hypothèses que certains MD co-varient dans le parler des Français et que ces co-variations sont liées en quelque sorte aux identités sociales des locuteurs se sont confirmées. Par le biais d'une analyse factorielle, trois groupements principaux des sept MD étudiés se sont détachés ; je les ai étiquetés « normal », « moderne » et « tradition ». Le facteur « normal » comprend *quand même, hein, si vous voulez* et *bon*. Ce facteur correspond à un type de parler et à un mode de politesse non-marqué, qui traverse nos trois corpus datés de 1968, 1988 et 2002, et qui devient plus présent au passage du temps. Le facteur « moderne », qui comprend les marqueurs *quoi, enfin* et *bon*, rapproche deux tendances diachroniques : d'un côté la démocratisation des formes de politesse, symbolisée par l'essor de *quoi* et, de l'autre, la pragmaticalisation de *enfin* et *bon*, qui se propagent pour des raisons intralinguistiques autant que sociolinguistiques. Ce facteur est lié au parler de la jeune génération du CRFP. Finalement, le facteur « tradition » comprend *c'est-à-dire* (et exclut *hein* et *quoi*). Ce facteur est lié principalement au parler des locuteurs plus éduqués et également aux locuteurs plus âgés. Si nous avons affaire à une co-variation qui est poussée par des questions d'identité, il faut se rendre à l'évidence présentée ici que l'identité prédominante est celle de sa génération. On s'identifie plus à ceux qui sont de la même génération qu'à ceux qui ont le même niveau d'études ou qui sont du même sexe.

En conclusion, il faut se rappeler que ces résultats et ces interprétations doivent se lire avec prudence. Les corpus sont sujets à des variations accidentelles. Il est bien possible, d'ailleurs, que les corpus soient moins comparables qu'on aurait aimé. Qui plus est, la distinction entre les variations diastratiques, diachroniques et diaphasiques n'est pas toujours facile à faire. Je rejoins Lodge lorsqu'il dit (1993 : 232) :

> There are no pure varieties of contemporary French, merely quantitative differences in the distribution of key language variables.

Un locuteur quelconque choisira, selon la situation de communication, le co-locuteur et le rôle qu'il joue dans la conversation (« expert » ou « non-expert »), les termes qu'il considère les plus aptes étant donné son âge, sa génération et son niveau d'études. Le résultat le plus frappant qui ressort de cette étude s'avère être l'essor des marqueurs *quoi, enfin* et *bon* dans le parler des jeunes du CRFP. La jeune génération de 2002 semble favoriser un parler qui est en même temps solidaire et déférent, chaleureux et effacé, un parler caractérisé finalement par sa quantité de particules énonciatives.

Bibliographie

BEECHING, K. (2002), *Gender, Politeness and Pragmatic Particles in French*, Amsterdam / Philadelphia, John Benjamins.

BEECHING, K. (2005), « Politeness-induced semantic change : The case of *quand même* », *Language Variation and Change*, 17, pp. 155-180.

BEECHING, K. (à paraître), « Social identity, salience and language change : The case of post-rhematic *quoi* », dans : M. Jones et W. Ayres-Bennett (éds), *The French Language and Questions of Identity*, London, Legenda.

BELL, A. (1984), « Language style as audience design », *Language in Society*, 13, pp. 145-204.

CHANET, C. (2001), « 1 700 occurrences de la particule *quoi* en français parlé contemporain : approche de la "distribution" et des fonctions en discours », *Marges Linguistiques*, 2, pp. 56-80, <http://www.marges-linguistiques.com>.

COMREY, A. L. (1973), *A First Course in Factor Analysis*, London, Academic Press.

COULMAS, F. (2005), *Sociolinguistics. The study of speakers' choices*, Cambridge, Cambridge University Press.

DAROT, M. et LÈBRE-PEYTARD, M. (1983), « Ben, ici, c'est pas restreint hein », *Le français dans le monde*, 176, pp. 89-91.

DELOMIER, D. (1995), « *Hein* particule désémantisée ou indice de consensualité », dans : L. Danon Boileau et M.-A. Morel (éds.), *Oral-écrit : Formes et Théories (Faits de Langues. Revue Linguistique*, 13), Paris, Ophrys, pp. 137-149.

DOPPAGNE, A. (1966), *Trois aspects du français contemporain*, Paris, Larousse.

DOSTIE, G. (2004), *Pragmaticalisation et marqueurs discursifs*, Bruxelles, DeBoeck, Duculot.

FERNANDEZ, M. M. J. (1994), *Les particules énonciatives*, Paris, PUF.

FLEISCHMANN, S. et YAGUELLO, M. (2004), « Discourse Markers across Languages ? Evidence from English and French », dans : C. L. Moder et A. Martinovic-Zik (éds.), *Discourse Across Languages and Cultures*, Amsterdam / Philadelphia, John Benjamins, pp. 129-147.

GILES, H. (1973), « Accent mobility : A model and some data », *Anthropological Linguistics*, 15, pp. 87-105.

GRIEVE, J. (1996), *Dictionary of contemporary French connectors*, London, Routledge.

HANSEN, Maj-Britt Mosegaard (1998), *The Function of Discourse Particles. A Study with Special Reference to Spoken Standard French*, Amsterdam / Philadelphia, John Benjamins.

HANSEN, MAJ-BRITT MOSEGAARD (2005), « From prepositional phrase to hesitation marker. The semantic and pragmatic evolution of *enfin* », *Journal of Historical Pragmatics*, 6:1, pp. 37-65.

HASPELMATH, M. (1999), « Why is grammaticalization irreversible ? », *Linguistics*, 37, pp. 1043-1068.

HÖLKER, K. (1988), *Zur Analyse von Markern. Korrektur- und Schlußmarker des Französischen*, Stuttgart, Franz Steiner Verlag.

LABOV, W. (1972), « Hypercorrection by the lower middle class as a factor in linguistic change », dans : *Sociolinguistic Patterns*, Philadelphia, University of Pennsylvania Press.

LAKOFF, R. (1975), *Language and Woman's Place*, New York, Harper & Row.

LÉGLISE, I. (1999), *Contraintes de l'activité de travail et contraintes sémantiques sur l'apparition des unités et l'interprétation des situations. L'exemple de la particule énonciative hein dans les dialogues de la Patrouille Maritime*, thèse de doctorat, Université de Paris VII.

LE PAGE, R. (1986), « Acts of identity », *English Today*, 8, pp. 21-24.

LODGE, R. A. (1993), *From Dialect to Standard*, London, Routledge.

MENDOZA-DENTON, N. (2002), « Language and Identity », dans : J. K. Chambers, P. Trudgill et N. Schilling-Estes (éds.), *The Handbook of Language Variation and Change*, Oxford, Blackwell, pp. 475-499

MOESCHLER, J. et DE SPENGLER, N. (1981), « *Quand même*. De la concession à la réfutation », *Cahiers de Linguistique Française*, 2, pp. 93-112.

SCHIFFRIN, D. (1996), « Narrative as self-portrait : sociolinguistic constructions of identity », *Language in Society*, 25, pp. 167-203.

VÉRONIS, J. (2005), « Présentation du *Corpus de référence du français parlé* », *Recherches sur le français parlé*, 18, pp. 11-42.

VINCENT, D. (1993), *Les ponctuants de la langue et autres mots du discours*, Québec, Nuit Blanche.

Richard Waltereit
Université de Newcastle-upon-Tyne, Grande-Bretagne

À propos de la genèse diachronique des combinaisons de marqueurs. L'exemple de *bon ben* et *enfin bref*

I. MARQUEURS DISCURSIFS COMPLEXES

La plupart des marqueurs discursifs (MD) existent sous la forme d'un seul mot. Il suffit de penser à des formes telles *bien, donc, disons, alors, déjà*, etc., pour lesquelles on dispose désormais d'un bon nombre d'études linguistiques. Cependant, à l'intérieur de la chaîne parlée, il peut y avoir des séquences de plusieurs mots qui appartiennent tous à la classe des MD. On peut alors parler de *MD complexes*. Les exemples qui suivent en représentent plusieurs possibilités :

(1)   A : Tu as l'air en forme.
        B : Je fais beaucoup de sport, *tu sais*. (Hansen 2005)

(2)   *Puis alors* y a un phénomène qui se passe *euh, bon*. (BEECHING)

(3)   *Bon ben* on peut à l'occasion justifier, euh, sa démence quoi, hein. (BEECHING)

(4)   il les reçoit avec toutes les politesses toutes les *enfin bref* je dis moi on fait jamais attention à moi (ELICOP)

Dans tous ces quatre cas, deux mots contigus dans la parole appartiennent aux MD. Il y a cependant des différences fondamentales entre eux. Dans le premier exemple, on a affaire à un seul marqueur, à savoir *tu sais*, qui se compose de plusieurs mots qui à leur tour ne sont pas des marqueurs. Il n'y a pas de marqueur *tu*, et il n'y a pas de marqueur *sais* non plus. Le fait que les marqueurs puissent comprendre une séquence de plusieurs mots motive d'ailleurs le choix du terme *marqueur discursif* au lieu de *particule du discours* (cf. Hansen 2006). Ce dernier terme suggère en effet qu'il s'agit d'une classe de mots. Pourtant, les marqueurs ne sont pas une classe de particules au même titre que, par exemple, les particules de degré (par exemple *même*) ou les particules de focus (par exemple *aussi*). Il s'agit plutôt d'un certain usage, certes conventionnalisé, d'un membre d'une autre partie du discours ou bien d'un syntagme entier, tel *tu sais*. Selon la terminologie de Dostie (2004), des MD comme *tu sais* sont des *marqueurs-phrasèmes*. La taille des marqueurs-phrasèmes peut d'ailleurs facilement dépasser les deux mots, comme en témoignent des MD comme *tu sais pas quoi* ou *qu'est-ce qu'il faut pas entendre* (Dostie 2004 : 74).

L'exemple (2) est différent. Les mots qui composent les deux séquences *puis alors* et *euh bon* sont pour chacun d'entre eux déjà des marqueurs. Il y a les MD *puis, alors, euh* et *bon* en français. Il s'agit cependant d'une combinaison libre de MD. Ils se trouvent juxtaposés dans le discours, comme cela peut arriver puisque le locuteur en a le choix. Apparemment, leur contiguïté n'est pas codifiée dans la langue ; c'est le locuteur qui, dans sa liberté de construire le discours, les a placés l'un après l'autre. Il faudrait mentionner ici aussi les réduplications, assez typiques pour les MD :

(5)   Tiens, tiens, tiens…

(6)   *Allons, allons*, pleure pas comme ça (Dostie 2004 : 36 et Dostie, dans ce volume)

La réduplication est peut-être la forme la plus simple de combinaison libre des MD.

Dans l'exemple (3) aussi, les mots qui composent la séquence *bon ben* sont déjà des marqueurs. Il y a le MD *bon* et il y a le MD *ben*. Cependant il semble qu'il ne s'agisse pas d'une combinaison libre de MD dans le discours. Il y a la combinaison *bon ben* qui, comme je m'efforcerai de le montrer dans cet article, est stockée dans le lexique du français et est insérée dans le discours comme s'il s'agissait d'un seul MD.

L'exemple (4) est très semblable à ce dernier type, à ceci près que l'un des mots qui composent la séquence *enfin bref* n'est pas un MD. Il s'agit donc d'un MD, à savoir la combinaison *enfin bref*, laquelle contient le MD *enfin*, mais dont l'autre élément n'est pas un MD.

Le schéma qui suit résume la taxinomie esquissée :

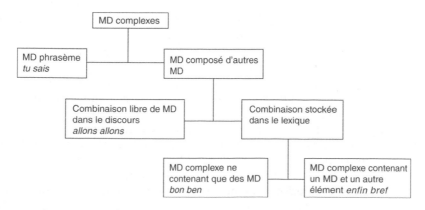

Dans cet article, je propose une analyse de la genèse diachronique des MD complexes. Cela permettra aussi d'éclairer les relations existant entre les quatre types de MD complexes. Mes données viennent des corpus FRANTEXT, BEECHING et ELICOP.

2. LA DIACHRONIE DES MARQUEURS DISCURSIFS

La discussion des dernières années sur la genèse des marqueurs discursifs a été axée sur la question de savoir si ce processus diachronique relève de la grammaticalisation ou non. Si les premiers travaux diachroniques sur les MD y ont généralement répondu par l'affirmative (Abraham 1991, Brinton 1996, Traugott 1997, 1999), la littérature plus récente porte sur ces termes souvent un jugement plus nuancé et tend à soutenir que la genèse des MD est un processus diachronique à part entière, qui, tout en partageant certains traits avec la grammaticalisation, ne s'identifie pas complètement à ce type de changement (Aijmer 2002, Waltereit 2002, Dostie 2004, Hansen 2005). On parle souvent de *pragmaticalisation* pour référer à ce processus. La pragmaticalisation partage en particulier avec la grammaticalisation la possible érosion phonétique et le changement sémantique. Ainsi, le MD *ben*, issu de l'adverbe *bien*, semble avoir subi une érosion phonétique qui rappelle celle des morphèmes grammaticalisés. De même, le sémantisme du MD a changé par rapport à sa forme-source, tout comme le sens des morphèmes grammaticaux a changé par rapport à celui de leurs formes-source. Mais les autres critères de grammaticalisation, du moins selon le modèle de Lehmann (1985), ne sont pas remplis (cf. Waltereit 2002, Dostie 2004), ce qui exclut les MD de la grammaticalisation au sens strict.

Le choix du terme « pragmaticalisation » ou de celui de « grammaticalisation » a cependant peu d'importance pour la question de savoir pourquoi une certaine forme de la langue devient un MD. Qu'est-ce qui amène les locuteurs à utiliser une forme qui n'est pas un MD avec une fonction nouvelle ? La réponse que j'ai proposée à cette question, c'est que le sémantisme de certaines formes offre un attrait pour la construction du discours ou pour l'interaction (Waltereit 2002, 2006), ce qui amène les locuteurs à les utiliser non pas pour leur sens codé, mais pour des effets collatéraux de leur sémantisme. Par exemple, l'usage de l'impératif des verbes de perception visuelle comporte l'implicature conversationnelle généralisée que le locuteur a quelque chose d'important à dire qui échappait jusque-là à l'interlocuteur. Autrement il n'attirerait pas son attention sur cet objet. Cet effet collatéral de l'impératif peut avoir des effets positifs pour les fins communicationnelles du locuteur, puisqu'il lui permet de rendre son discours plus saillant. L'impératif des verbes de perception visuelle offre donc un « attrait » pour la structure du discours et pour l'interaction entre les participants. Il est par conséquent naturel que les locuteurs cherchent des occasions de les utiliser dans le discours afin de pouvoir profiter de cet effet collatéral, à tel point qu'ils commenceront à les utiliser, même s'il n'y a « rien à montrer » ; ils ne l'utiliseront donc que pour mieux attirer l'attention de l'interlocuteur sur leur discours. À partir de ce moment-là, l'impératif a subi un changement sémantique et est devenu un MD. Cela permet de voir pourquoi beaucoup de langues ont des MD issus d'impératifs de perception visuelle : anglais *look !*, italien *guarda !*, espagnol *mira !* etc. Cependant, l'usage d'un impératif comme MD n'est pas automatiquement disponible. Par exemple, le français hexagonal semble avoir perdu l'usage de certains MD provenant de verbes de perception visuelle. Cela se serait notamment produit avec *regarde* vers le milieu du XXe siècle, tandis que le français québécois continue à l'employer (Dostie 1998, 2004). Cela appuie l'hypothèse que le MD est issu de l'impératif dans un processus historique individuel qui, tout en étant facilité par les considérations universalistes évoquées ci-dessus, peut avoir lieu ou non.

Un autre exemple de cette approche à la diachronie des MD est offert par l'impératif-hortatif *disons* et ses équivalents dans d'autres langues. L'impératif *disons*, par exemple dans un énoncé comme

(7)   Disons la vérité

entendu comme 'toi et moi, disons la vérité [à un tiers]', inclut l'interlocuteur dans la construction du discours, et, partant, réduit la responsabilité du locuteur pour sa parole. Ces deux effets sont évidemment très désirables pour l'interaction, ou peuvent du moins l'être dans maintes situations. Il y aura donc une certaine tendance à utiliser cet impératif, même si on ne veut pas vraiment engager son interlocuteur dans un discours à plusieurs voix, mais simplement souligner des points en commun avec lui ou faire preuve d'une certaine prudence dans sa parole. L'impératif sera alors réanalysé comme MD, et se trouvera du même coup pragmaticalisé (Waltereit 2006).

Dans des processus ultérieurs, les formes une fois recrutées dans la catégorie fonctionnelle des MD peuvent subir d'autres changements encore. C'est dire qu'un MD qui a acquis une certaine fonction dans une langue particulière peut toujours se prêter à être exploité pour des effets collatéraux liés à sa fonction originelle, et ainsi acquérir une autre fonction de MD, et ainsi de suite. Chacune de ces étapes constitue un changement sémantique qui qualifie le processus en question de « pragmaticalisation ». Dostie (2004) observe que la pragmaticalisation est caractérisée par sa gradualité. J'ajouterai simplement à cela que, dans la perspective adoptée ici, cette gradualité, si elle semble assez évidente du côté de la forme, notamment en ce qui concerne l'érosion phonétique, l'est moins du côté du contenu. Si un MD déjà pragmaticalisé peut être utilisé pour les effets collatéraux de sa fonction dans le discours et se trouver acquérir une autre fonction, également de MD, il ne s'impose pas de parler de gradualité, puisque la fonction acquise en dernier ne constitue pas moins un MD que la fonction acquise en premier, et vice versa. La notion de gradualité suggère que certains MD sont plus pragmaticalisés que d'autres, autrement dit qu'il y a des formes qui sont « plus MD » que d'autres. Cependant, si l'on part d'une définition fonctionnelle de MD, chaque élément de la langue qui est en conformité avec la fonction des MD l'est au même titre qu'un autre. Pour le processus historique, je préférerais plutôt de parler de *réitération* : une même forme peut parcourir le processus de pragmaticalisation plusieurs fois, produisant ainsi un

MD polysémique, et les fonctions plus récentes sont des fonctions de MD au même titre que les plus anciennes. Avec cette notion de « réitération », nous revenons aux MD complexes.

3. BON BEN

Alors que *bon* et *ben* sont chacun attestés depuis longtemps comme MD dans l'histoire de la langue française, le marqueur *bon ben* semble être d'origine beaucoup plus récente.

3.1. Ben

Il est probable que la réduction de *bien* en *ben* n'est pas un phénomène diachronique dû à la pragmaticalisation. Le mot *ben* n'existe pas seulement comme forme raccourcie du marqueur *bien*. On trouve facilement des attestations de *ben* comme variante de l'adverbe *bien* dans la base de données FRANTEXT dès le début de la période couverte par celle-ci, à savoir à partir du XVIe siècle :

(8)   contre vous ne se dit pas : j'ay un fils qui ha des jà vingt ans passez, o reverence ! et qui est assez grand ; il ha desjà tenu un an les escolles de notre paroisse : j'en voudras *ben* faire un prétre, si c'éstoit le piésir de Dieu. – Par foy, dit le cardinal, ce seroit bien fait, mamie, il le fault faire. – Vére, més, Monsieur, dit la bonne femme, il y ha quelque chouse qui l'engarde ; més en m'ha dict que vous l'en pourriez *ben* recompenser (La bonne femme vouloit dire dispenser.) (R565 / DES PÉRIERS Bonaventure / Les Nouvelles récréations et joyeux devis de feu Bonaventure des Périers 1. / 1558)

Si l'on veut écarter l'exemple précédent pour d'autres traits dialectaux ou « ruraux », on trouve des exemples évidents de *ben* comme adverbe depuis le XVIIIe siècle :

(9)   Faut feindre, a dit la veuve, et toi t'as la sottise
        De n'avoir pas en encore *ben* feindre d'la feintise
        Tu dis trop c'que tu penses, et c'est un défaut qu'ça ;
        Faut avoir la vartu d'mentir par-ci par-là.
        Tu n'las guèr, ça m'fâche. (S272 / DUFRESNY Charles / La Coquette de village ou le Lot supposé / 1715)

La première attestation certaine de *ben* comme MD dans FRANTEXT semble être la suivante :

(10)   MARGOT : *Eh ben, eh ben* ! allons-y toutes les deux ensemble. (N644 / COLLÉ Charles / La Partie de chasse de Henri IV / 1764)

En ce qui concerne sa forme, le MD *ben* semble donc être une variante dialectale de *bien* qui a survécu dans la fonction de MD mais est devenu obsolète dans la fonction adverbiale. Selon Hansen (1995 : 34), *ben* a pour fonction de marquer « la non-pertinence (au sens de Sperber & Wilson 1986) d'un contenu, d'un acte illocutoire ou d'énonciation ». L'exemple suivant peut illustrer cette affirmation :

(11)　A : Oui, oui. Euh et est-ce que tu choisirais un métier en fonction de de la famille. Par exemple, est-ce que tu choisirais peut-être de ne pas être homme d'affaires parce qu'on n'est pas à la maison. Est-ce que vous choisiriez un métier en fonction de de des devoirs familiaux ?
　　　　C : *Ben*, c'est assez dur parce qu'en ce moment pour trouver du travail en France [?] et bon, bien sûr on se préoccupe mais souvent on n'a pas tellement de choix. (BEECHING 34)

Le locuteur C donne à entendre que le choix présupposé dans la question de A (pouvoir choisir son métier en fonction des besoins familiaux) n'existe pas selon lui, et que c'est donc une question mal posée, ou bien non pertinente.

3.2. *Bon*

Bon, à lui seul, est un MD qui a également été l'objet d'une littérature très ample (Winther 1985, Hansen 1995, 1998, pour ne citer que quelques-uns). Dans le corpus FRANTEXT, il est attesté depuis le XVIᵉ siècle :

(12)　THOMAS : Escoutez en l'oreille.
　　　　MAURICE : Pourquoy en l'oreille ?
　　　　THOMAS : Escoutez en l'oreille, vous dis-je.
　　　　LUCIAN : Habuit spiritum propheticum
　　　　MAURICE : *Bon*, je t'entends bien, mais y puis-je aller seurement ?
　　　　THOMAS : Quoy, seurement ?
　　　　MAURICE : Que sçay-je ? De peur de quelque embusche. (S052 / LARIVEY Pierre de / Le Laquais / 1579)

Toujours selon Hansen (1995), la fonction de ce marqueur est d'accepter un contenu, un acte illocutoire ou une situation ou bien de demander à l'interlocuteur de l'accepter :

(13)　B : En moyenne, c'est de huit heures et demie le matin jusqu'à deux heures et demie, trois heures de l'après-midi. Pour reprendre vers cinq heures et demie, six heures jusqu'à dix heures et demie, onze heures le soir.
　　　　A : C'est dur. Et une journée normale, alors qu'est-ce que c'est pour toi ?
　　　　B : Une journée normale, ça dépend à quel niveau euh comment ? organisation de travail ?
　　　　A : *Bon*, tu te lèves à quelle heure euh ?
　　　　B : Ben, je me lève le plus près possible de l'heure de de du commencement de travail, juste le temps de faire une petite toilette puis euh de déjeuner au travail et de commencer à travailler, quoi, ça dépend de l'organisation. (BEECHING 356)

Avec *bon*, le locuteur A introduit une reformulation de sa question préalable au sujet de la « journée normale », et répond ainsi indirectement à la question de B qui lui demandait de préciser ce qu'il entendait par « normal ». A reconnaît ainsi (rétrospectivement) que sa question préalable était trop peu précise, et demande à B (prospectivement) d'accepter la présente reformulation. De nouveau, B n'accepte pas dans sa réponse une présupposition liée à la question, à savoir qu'il se lève toujours à la même heure. Cette fois-ci cependant, le désaccord n'est marqué que par le MD *ben*, qui, comme nous l'avons vu, exprime que le locuteur considère un contenu ou un acte illocutoire comme non pertinent.

Contrairement à *ben*, *bon* peut être non seulement un MD, mais aussi une interjection. Autrement dit, il peut y avoir des tours de parole entiers qui ne consistent que dans la formulation du mot *bon* (Hansen 1995, 1998), et à l'intérieur d'un même tour de parole, *bon* peut être intercalé entre deux énoncés indépendants. *Ben*, en revanche, semble toujours être dépendant d'une unité-hôte (*host unit*).

L'« acceptation » marquée par *bon* peut même s'exprimer par la simple reconnaissance d'une limite entre deux unités du discours et par l'expression de la volonté de poursuivre vers l'unité suivante, de continuer dans le déroulement de l'action en commun (Waltereit / Detges sous presse). Ainsi, dans l'exemple (13), le locuteur A exprime avec *bon* qu'il accepte la limite imposée par la question précédente et qu'il poursuit avec sa propre question reformulée.

Les particules *bon* et *ben* auraient donc, du moins partiellement, des sémantismes contraires : si *ben* marque un contenu ou un acte illocutoire comme non pertinent, cela doit être senti aussi comme une absence d'acceptation (Hansen 1998 : 247), puisque selon la théorie de la pertinence, la pertinence est censée se produire de façon non marquée, voire automatique. Or, *bon* marquerait précisément l'acceptation. Malgré cet antagonisme, les deux marqueurs sont loin d'être incompatibles dans le discours.

3.3. Bon ben

Si l'on étudie les occurrences de *bon ben* (ou de la séquence de deux autres MD), on se trouve face à une question qui n'est pas toujours facile à trancher : s'agit-il d'une suite de deux MD qui se trouvent simplement juxtaposés dans le discours (variante [2] de la taxinomie esquissée dans la section 1.), ou bien s'agit-il d'un seul marqueur, stocké dans le lexique, qui consiste en plusieurs éléments dont chacun est déjà un MD (variante [3] de la taxinomie esquissée dans la section 1.) ? Il ne peut pas y avoir de réponse facile et évidente à cette question, surtout si on examine des occurrences de MD dans un texte écrit. Évidemment, la lexicalisation de *bon ben* à une époque donnée comme combinaison n'empêche pas la juxtaposition des deux marqueurs. Même après la lexicalisation de la combinaison *bon ben*, l'occurrence de *bon* suivie de *ben* peut donc représenter soit l'emploi de la combinaison, soit l'emploi du MD *bon* suivi de celui de *ben*. La possibilité de l'emploi de *bon* comme interjection complique encore les choses, puisque dans une occurrence donnée de *bon ben*, *bon* peut être soit interjection suivie d'un énoncé commençant par le MD *ben*, soit un MD *bon* suivi du MD *ben*, soit la première partie du MD lexicalisé *bon ben*. Dans un premier temps, je considérerai la présence d'une virgule ou d'un point comme indice de juxtaposition libre, et l'absence de toute ponctuation comme indice de lexicalisation.

Dans le corpus FRANTEXT, la séquence *bon ben* sans virgule entre les deux mots est attestée depuis le milieu du XXe siècle :

(14) Puis, soudain en regardant l'horloge au mur, il siffla entre ses dents : – acré gué, le temps passe vite. *Bon ben*, il faut que je file. Bonsoir et merci quand même de l'offre, madame. Bonsoir, Latour… il se retourna sur le seuil […] (L293 / ROY Gabrielle / Bonheur d'occasion / 1945)

(15) moi j'aimerais bien qu'y m'cause de près. Dit. Il est tard. Ça m'file les glandes. C'est les jeux d'vingt heures ou quoi. Chère Mâdâme vous voilà en cinquième semaine. *Bon ben* j'me lève. Charentaises blues. Prends ta douche Lulu et va te rhabiller. Les lunes de miel sont plus ce qu'elles étaient. J'ai à peine déposé les croissants que […] (R768 / HANSKA Evane / J'arrête pas de t'aimer / 1981)

Dans le corpus, il n'y a que cinq occurrences de *bon ben* sans virgule. Même si ce chiffre évidemment ne justifie pas de généralisation statistiquement valable, on ne peut pas manquer d'être frappé par la similarité de leurs contextes. En effet, sur ces cinq occurrences, quatre se trouvent dans des situations où le locuteur fait ses adieux à l'interlocuteur, toujours d'une manière un peu gênée et typiquement face à une situation un peu (ou très) embarrassante. Les deux exemples mentionnés ci-dessus et les deux suivants relèvent de cette catégorie :

(16) « Qu'est-ce que j'en sais, moi, maugréa-t-il. C'est une fille, ça va ça vient. *Bon ben*, faudrait voir que j'y aille.
– Et c'est-y vrai, ce qu'on raconte, René…
– Ça n'attend pas, la fournée, faut vraiment que j'y aille. » (R819 / QUEF-FÉLEC Yann / Les Noces barbares / 1985)

(17) HIPPO : Jamais tu souffles ?
NATHALIE : J'ai pas le temps…
HIPPO : Je suppose que tu n'as pas le temps de me voir ?
NATHALIE : Non, malheureusement !
HIPPO : OK… *Bon ben*, salut alors !
Hippo raccroche. (R824 / ROCHANT Éric / Un monde sans pitié / 1990)

Que *bon ben* soit un MD complexe stocké dans le lexique comme tel (lexicalisé) est d'ailleurs confirmé par le fait que dans le corpus il n'y ait pas une seule occurrence d'une séquence de MD *ben bon*, ni dans FRANTEXT ni dans le corpus Beeching. Dans les séquences *ben bon* qu'on trouve, *bon* est toujours adjectif. La séquence *ben bon* est peut-être à son tour lexicalisée aussi mais cette fois-ci non pas comme MD complexe mais comme adjectif précédé d'un adverbe modificateur :

(18) Je l'ai fait *ben bon*, ben délicat, et il ne s'en est point aperçu. (M668 / BALZAC Honoré de / Eugénie Grandet / 1843)

Si l'on accepte aussi dans la requête des séquences de *bon ben* interrompues par un signe de ponctuation, on obtient des exemples qui correspondent de façon assez précise aux contextes de *bon ben* lexicalisé :

(19) Comme il se levait sans rien dire, nouant son foulard, elle finit par murmurer :
– non, j'irai… je… oui, *bon, ben*, c'est ça, j'irai de moi-même. (L293 / ROY Gabrielle / Bonheur d'occasion / 1945)

(20) *Bon, ben*, je me tire, a-t-elle ajouté et elle est partie. (S567 / MANCHETTE Jean-Patrick / Morgue pleine / 1973)

(21)   Il n'entendit même pas le chauffeur de taxi qui disait :
— Quel bings ! Remarquez, ça distrait. Pour nous, quand y a un truc comme ça, les heures paraissent moins longues. *Bon, ben* vous v'la arrivé. Hôtel-Dieu ! Tout le monde y descend ! Tout le monde il est content !
La DS s'immobilisa le long du trottoir.
— 10,80, dit le chauffeur sans se retourner. (R761 / VAUTRIN Jean / Billy-Ze-Kick / 1974)

Ici, il s'agit de nouveau de scènes d'adieu. Avec *bon, ben*, le locuteur introduit une séquence de clôture (*opening up closings*), ou considère un certain sujet de discours comme terminé – comme s'il « n'y avait plus rien à faire » :

(22)   — T'es dingue ? je lui avais demandé.
— Tu crois qu'on l'a eu ?
Il cherchait dans le rétro, l'air emmerdé.
— Regarde ta route, ducon !
— Un chat noir, j'aime pas ça…
— *Bon, ben* d'accord, tu l'as eu, j'ai senti le choc, il est mort, alors n'en parlons plus !
— Merde…
— Tu pouvais rien faire, il s'est jeté sous les roues !…. (R750 / BLIER Bertrand / Les Valseuses / 1972)

Avec la séquence de *bon* et *ben*, le locuteur lève tout doute quant au sort qu'a eu le chat. Dans les exemples discutés, *bon ben* a une fonction pour la structuration du discours. La combinaison (lexicalisée ou non) *bon ben* survient donc aux marges d'unités supérieures du discours et confère une grande saillance aux unités concernées, le cas le plus spectaculaire étant sûrement celui de l'introduction des séquences de clôture.

Mais on relève aussi des exemples de nature un peu différente comme les suivants :

(23)   […] Je sais pas si c'est ça que tu voulais me montrer, mais je suis d'accord, c'est un endroit formidable.
J'ai jeté un œil à ma montre. Le moment était venu.
— *Bon, ben* il est à toi, j'ai dit.
Elle a rien répondu. J'ai sorti les papiers de ma poche et je les lui ai tendus.
— En gros, ton terrain va du vieil arbre à ce rocher qui ressemble à un […] (R813 / DJIAN Philippe / 37°2 le matin / 1985)

(24)   Chuis hyper-contente !…. Enfin, bon, si chuis r'çue !…. T'inquiète pas, on l'aura tous le bac…
Tu crois ? Même les hyper-nuls, ch'te dis… à cause des statistiques… *bon, ben*, y veul' que tout l' monde soit r'çu pour prouver qu'y sont plus génials à l'Éducation nationale que ceux d'avant ! Y veul' un meilleur score… C'est hyper-bien pour nous […] (S702 / DORMANN Geneviève / La Petite main / 1993)

L'effet de « rupture » associé aux exemples de *bon ben* lexicalisé est moins net dans ces derniers exemples, bien que palpable ici aussi. Dans l'exemple (23), *bon, ben* introduit un tournant des choses spectaculaire : le locuteur révèle à son interlocutrice que le terrain qu'ils sont en train de regarder lui appartient. Dans l'exemple (24), par contre, *bon, ben* n'annonce qu'un léger changement de perspective à l'intérieur d'un même segment discursif. Le locuteur donne une justification (la politique du Ministère de l'Education Nationale) pour son affirmation précédente (que même des candidats faibles sont reçus au baccalauréat). Le marqueur (ou la suite de marqueurs) se trouve donc aux marges d'unités discursives inférieures. Je reviendrai à cette différence dans la section 3.5.

Cela étant, quelle est la relation entre *bon ben* d'un côté et *bon* et *ben* de l'autre côté ? Pour répondre à cette question, il faut d'abord déterminer l'effet produit par *bon* et *ben* juxtaposés en combinaison libre. Si *bon* marque l'acceptation d'un contenu ou d'un acte illocutoire et *ben* marque la non-pertinence d'un contenu ou d'un acte illocutoire, la juxtaposition des deux MD exprime donc le cumul de ces deux effets. Or, la juxtaposition libre de *bon* et *ben* permet naturellement *deux contenus* ou *actes différents* dans la portée respective des deux marqueurs, alors que la même chose ne devrait pas être possible pour la combinaison lexicalisée. Pour la juxtaposition libre, il peut donc y avoir deux situations :

– *bon* et *ben* se trouvent adjacents, mais chacun des deux marqueurs s'applique à une portion du discours différente ;

– *bon* et *ben* se trouvent adjacents, et les deux marqueurs ont la même portion du discours dans leur portée. Ce n'est que dans ce cas que les effets des deux marqueurs sont cumulés.

Dans le premier cas, on devrait pouvoir distinguer l'apport respectif de *bon* et de *ben*, alors que dans le second cas, il pourrait y avoir des effets qui obscurcissent la contribution respective des deux marqueurs. Le premier cas peut être illustré par (25) :

> (25) Pour mon compte personnel, je peux espérer quoi ?
> – Tu sais bien que c'est pas moi qui fais les prix, hein !
> – Deux briques, je les toucherai ?
> – Ouais ! Tu rigoles, plus !
> – *Bon. Ben*, pour le moment, ça me suffit. L'ennui, c'est que je les veux pour demain. Ça urge un max. C'est pour un enterrement.
> – Oh ? dit La Menace en changeant de tête, t'as eu un malheur […] (R674 / THÉRAME Victoria / Bastienne / 1985)

Avec *bon*, le locuteur accepte que son interlocuteur soit prêt à lui donner de l'argent (ou qu'il lui ait donné une réponse satisfaisante). Avec *ben*, il déclare non pertinent le fait que son interlocuteur soit disposé à lui donner une somme qui dépasse le montant demandé (« pour le moment ça me suffit »). On peut donc clairement distinguer la contribution respective de *bon* et celle de *ben* dans ce dialogue. Chacun des deux marqueurs s'applique à une portion du discours différente, et c'est pour ainsi dire par accident qu'ils se trouvent en contiguïté dans la chaîne parlée. Le deuxième cas, qui à première vue semble paradoxal vu le sémantisme apparemment antagonique des deux marqueurs, est en réalité le plus fréquent. On peut l'illustrer par l'exemple (22). Avec *bon* le locuteur accepte la déclaration de son interlocuteur (à savoir que celui-ci n'aime pas les chats noirs) ; avec *ben* il la déclare en même temps non pertinente, puisque l'interlocuteur ne s'était pas rendu compte qu'il avait déjà écrasé ce même chat dont ils sont en train de parler !

Cet exemple permet aussi d'étudier de plus près comment se déroule la combinaison des effets sémantiques de *bon* et de *ben*. Ils ne sont pas simplement antagoniques ; en réalité l'effet de *bon* est fonctionnellement subordonné à celui de *ben*. Au premier plan de l'énoncé *Bon, ben d'accord, tu l'as eu, j'ai senti le choc, il est mort, alors n'en parlons plus !* se trouve le rejet de l'énoncé précédent de l'interlocuteur, annoncé par *ben*. La déclaration comme non pertinent, marquée par *ben*, est d'ailleurs explicitée de façon très évidente par *n'en parlons plus*. La fonction de *bon* dans cet énoncé se trouve plutôt reléguée à l'arrière-plan, elle ne dépasse guère le simple enregistrement de l'énoncé précédent. Bien que les deux MD s'appliquent au même segment du discours et que leurs sémantismes respectifs semblent être antagoniques, leur emploi simultané n'est nullement contradictoire. C'est *ben* qui donne à l'énoncé son empreinte ; *bon* n'y a qu'un rôle secondaire. Il semble même que *bon* a surtout une fonction de figuration (*face work*) quand il est combiné avec *ben*. Déclarer un contenu ou un énoncé comme non pertinent peut facilement être considéré comme un problème – l'interlocuteur peut « perdre la face », et accepter quelque chose de lui, ne serait-ce que le simple enregistrement de son tour de parole précédent, peut modérer cet effet. On pourrait être amené à considérer que *bon ben* est une variante de *ben* plutôt que de *bon*. Modérer l'effet potentiellement négatif (en termes de figuration) de *ben*, cela peut être un effet bienvenu dans la conversation, et il est donc compréhensible que *ben* soit souvent accompagné de *bon*.

3.4. De *bon, ben* à *bon ben*

La création du MD *bon ben* à partir de *bon* et *ben* consiste dans la pragmaticalisation ultérieure de deux unités déjà pragmaticalisées. Selon le modèle présenté dans la section 2, le recrutement d'un élément pour la classe des MD (sa pragmaticalisation) passe par l'emploi de cet élément dans des contextes qui, à strictement parler, ne le justifieraient pas, mais auxquels il peut conférer un effet favorable à la structuration du discours ou à l'interaction. L'effet positif de *ben* accompagné par *bon*, esquissé dans la section précédente, invite les locuteurs (ou mieux : les interlocuteurs) à créer par réanalyse un seul marqueur *bon ben*, qui sera alors une variante de *ben* plutôt que de *bon*.

Cependant, le sémantisme de la combinaison lexicalisée *bon ben* ne se distingue pas beaucoup de la combinaison non-lexicalisée *bon, ben*. Comme on l'a vu dans la section précédente, il est très difficile de décider si une séquence donnée de *bon ben* est lexicalisée ou non. La réanalyse de *bon, ben* en *bon ben* n'entraîne donc pas de changement sémantique ; elle ne consiste que dans la création d'une nouvelle unité lexicale qui combine les deux sens de *bon* et de *ben*. Cela confirme l'hypothèse de Hansen (1998 : 233) selon laquelle les MD complexes ont plutôt un sémantisme « sommatif » qu'« holistique ». Autrement dit, leur lexicalisation conserve les sémantismes des deux marqueurs concernés au lieu de les amalgamer dans un nouveau sens unique[1].

---

1. Cela correspond au processus diachronique de « Konstruktion und Konventionalisierung » (construction et conventionnalisation), décrit par Detges (2001).

3.5. Les développements ultérieurs

Cela dit, l'évolution des MD complexes ne s'arrête pas à leur création par réanalyse. Dans beaucoup de conversations authentiques, *bon ben* est extrêmement fréquent, et l'effet de rupture décrit dans les sections précédentes y semble considérablement affaibli, comme dans cet exemple :

(26)   A : C'était une année dure pour la famille ?
       C : Euh ben il était ben oui un peu parce que Maman aussi était au chômage [rires] donc il a un mois après bon je trouve ça pas tellement long. Bon, maman autrement, elle travaille dans les HLM et elle travaille dans un bureau aussi enfin quelquefois elle sort pour aller voir les clients, pour réclamer de l'argent aux gens qui ne paient pas [rire]. Et *bon ben* elle trouve ça bien, *bon ben* ça se répète un petit peu, quoi, mais elle aime bien et avant normalement elle était couturière. Elle est carrément recyclée. Elle a pas ben elle avait passé pour faire ça, elle avait suivi à peu près neuf mois de stages et elle a passé un un examen et puis *bon ben* elle l'a eu. Et puis *bon ben* pour être en grade supérieur euhm elle devait suivre des cours mais elle trouvait ça trop dur et ils avaient des des contrôles, quoi, et les notes 2 sur 20 [rires] alors moi, je rigolais quand elle me dit comme ça enfin j'ai jamais ramené des notes comme ça à la maison mais quand on a une mauvaise note, on se fait gronder alors là, c'était le sens contraire, quoi. Euh non, autrement mes parents ne travaillent le weekend heureusement parce que sinon, on serait jamais en famille et est-ce qu'ils ont de longues vacances, ben ça je sais pas exactement combien de de semaines ils ont droit mais *bon ben* l'hiver nous, on prend à peu près une semaine pour aller aux sports d'hiver et l'été, *bon ben* on va quinze jours en vacances, on part de la maison et *bon ben* autrement ils prennent quelque jours comme ça, *bon ben* je pense que ça revient à un mois, cinq semaines à peu près. (BEECHING)

Dans un seul tour de parole, on trouve huit occurrences de *bon ben*. Elles se trouvent toujours en marge d'unités discursives et introduisent un changement de perspective, aussi peu perceptible qu'il soit. Par exemple, avec son rire le locuteur ridiculise d'abord l'activité de la personne qu'il vient de décrire (*elle sort pour aller voir les clients, pour réclamer de l'argent aux gens qui ne paient pas*). Cependant, la personne elle-même « trouve ça bien », et ce léger changement de perspective est introduit avec *bon ben*. Il s'ensuit un nouveau contraste entre *trouver ça bien* et « ça se répète un peu quoi », de nouveau signalisé par *bon ben*. À chaque occurrence, de possibles inférences d'un segment discursif précédent sont annulées. À l'intérieur d'un même tour de parole, le discours est donc jalonné par des *bon ben* récurrents. Déclarer comme non pertinent quelque chose qu'on vient de dire, c'est comme si on se contredisait soi-même et cela produit un effet particulier d'auto-effacement. Le changement de perspective survient ici en marge d'unités discursives non seulement plus petites, mais aussi moins importantes dans le modèle mental de la conversation projeté par les participants que dans les exemples de FRANTEXT. Mais l'effet général semble être le même que dans ces derniers – enregistrer un énoncé précédent et annuler de possibles inférences de celui-ci, créant de la sorte une certaine rupture dans le discours. Le sens n'aurait donc pas fondamentalement changé ; tout au plus s'applique-t-il à des unités discursives moins saillantes.

3.6. Inflation d'usage

Dans le seul tour de parole (26), nous avons trouvé davantage d'occurrences de *bon ben* lexicalisé que dans toute la base de données FRANTEXT, qui comprend pourtant environ 219 millions de mots. La fréquence a donc augmenté, en même temps que l'effet sémantique s'applique à un plus grand nombre de types de contextes. Selon le modèle de changement diachronique des MD esquissé dans la section 2, les MD acquièrent de nouvelles fonctions et sont utilisés dans de nouveaux contextes dès que les locuteurs découvrent leur « attrait » pour la communication et les utilisent dans des contextes qui ne sont pas tout à fait compatibles avec leur sens codé. Or, il me semble que l'attrait offert par *bon ben*, c'est que ce MD dispense le locuteur, dans une certaine mesure, de l'exigence de cohérence textuelle. Pour s'insérer dans le discours, un énoncé doit s'ajuster à celui qui précède afin de construire un discours qui soit cohérent dans l'ensemble ; cela impose des contraintes aux locuteurs et restreint leur liberté de « dire ce qu'ils veulent ». La possibilité d'annuler les inférences produites par l'énoncé précédent allège ces contraintes et agrandit la gamme d'énoncés possibles conformes à l'exigence de cohérence, ce qui est sans doute une propriété désirable pour la communication et l'interaction. Le MD *bon ben* introduit une rupture dans le discours en annulant ou en allégeant les inférences produites par l'énoncé précédent. Il permet ainsi au locuteur de continuer avec une moindre exigence de cohérence – en effet, c'est là la nature même d'une rupture dans le discours. C'est donc peut-être pour cela que les locuteurs ont utilisé le MD *bon ben* en marge d'unités discursives toujours moins saillantes, de la plus saillante possible (l'introduction de la séquence de clôture) jusqu'à des changements de perspectives « microscopiques » à l'intérieur d'un tour de parole. Le MD *bon ben* leur permettait de poursuivre leur discours sans être vraiment obligés de se soucier de la cohérence avec la portion du discours précédente.

Pour résumer, les données analysées ici et le modèle théorique proposé suggèrent que la création du MD complexe *bon ben* s'est déroulée en deux étapes : l'effet positif pour la figuration a conduit à employer *ben* accompagné de *bon* ; cela a abouti à une réanalyse de ces deux marqueurs dans un seul MD complexe *bon ben*. Dans un deuxième temps, l'effet positif pour la cohérence – ou plutôt l'absence de cohérence – aurait conduit à leur emploi dans un nombre toujours croissant de contextes.

4. *ENFIN BREF*

Le deuxième marqueur complexe a ceci de particulier que l'un de ses éléments, *bref*, n'est pas à lui seul déjà un marqueur. *Enfin bref* est attesté dans FRANTEXT depuis le milieu du XIXᵉ siècle.

4.1. *Enfin* et *bref*

Enfin est utilisé comme marqueur discursif depuis la deuxième moitié du XVIᵉ siècle (Hansen 2005 : 47), et il a un éventail de fonctions, dont deux sont particulièrement importantes pour nous. D'abord, celle de *synthétiser* un contenu :

(27)   Cédric est grand, beau, intelligent, spirituel, *enfin*, parfait, quoi ! (Hansen 2005 : 38)

Ici, *enfin* annonce que l'attribut *parfait* synthétise la liste des attributs précédents. Ensuite, celle de reformuler un contenu :

(28)   Tout le monde est venu à la soirée. *Enfin*, tous ceux qui n'étaient pas en vacances. (Hansen 2005 : 38)

Ici, le locuteur se corrige : ce qui est dit après *enfin* remplace une partie de ce qui est dit avant.

En ce qui concerne *bref* cependant, ce mot en soi ne semble pas être un MD. Il a certes un usage métadiscursif, comme dans :

(29)   Ce qu'il faut faire ne pourra être fait, un jour, que par l'entente et l'action conjuguée des peuples qui ont toujours été, qui sont et qui resteront principalement intéressés au sort du voisin germanique, *bref*, les peuples européens. (R008/ GAULLE Charles de / Discours et messages. 4. Pour l'effort. 1962-1965 / 1970)

Pourtant c'est simplement le sens lexical de l'adjectif *bref*, qui est fréquemment utilisé dans une fonction de circonstant « énonciatif » pour annoncer que ce qui suit sera une reformulation « brève » de ce qui précède.

4.2. *Enfin bref*

On trouve dans FRANTEXT une occurrence de *enfin, bref* (avec virgule) dès la fin du XVIIe siècle – à une époque où *enfin* était déjà pragmaticalisé :

(30)   *Enfin, bref*, je veux être aprenty Courtisan :
       J'ay mon cousin germain, comme moy Paysan,
       Qui sortit de chez luy le bissac sur l'épaule,
       Des sabots dans ses pieds, dans sa main une gaule,
       Et qui par la mordié fait si bien et si biau,
       Qu'il est auprés du Roy comme un poisson dans l'iau. (S235 / BOURSAULT Edme / Les Fables d'Esope / 1690)

Voici une occurrence plus récente :

(31)   vous avez servi De Vaize et si vous cachez vos principes jacobins (c'est le roi qui m'a dit que vous étiez jacobin, c'est un beau métier, et qui vous rapportera gros ;) *enfin, bref*, si vous êtes adroit, avant que la pension de 4 000 francs ne soit supprimée vous aurez accroché six ou huit mille francs d'appointements. (N229 / STENDHAL / Lucien Leuwen : t. 3 / 1835)

Le MD *enfin* dans sa fonction reformulative-synthétisante est ici suivi de l'adjectif-adverbe *bref*. L'élément lexical *bref* ajoute l'information que ce qui suit sera non seulement une reformulation du fragment de discours qui précède, mais aussi plus court que celui-ci.

La première attestation de la séquence *enfin bref* sans virgule dans FRANTEXT est de Gustave Flaubert :

(32)   C'est étonnant comme j'ai l'usucapion de la bêtise, comme je jouis de l'usufruit de l'emmerdement, comme je possède le bâillement à titre onéreux, etc.

> *Enfin bref*, pour achever, j'en serai quitte dans vingt jours. (M633 /
> FLAUBERT Gustave / Correspondance (1840-1845) / 1845)

Enfin bref a ici une fonction reformulative-synthétisante, reprise des fonctions de ses deux éléments formateurs et qui est même « doublée » dans l'exemple par l'incise *pour achever*. La reformulation par *enfin bref* a aussi souvent une nuance particulière que n'a pas *enfin* seul : le locuteur déclare la portion du discours qui précédait comme étant sans importance, parfois avec une attitude auto-ironique, voire condescendante, comme on peut voir dans les exemples (33) et (34). Sa fonction dépasse donc celle de la reformulation proprement dite :

(33)　Marie a baisouillé, si bien que les deux filles, après avoir traversé une période de jalousie haineuse, ont fini cul et chemise à propos d'une histoire d'avortement, *enfin bref* l'anecdote plutôt cracra, les détails on s'en fout, tout ce qui nous intéresse c'est que la gonzesse en question elle habite un duplex à Montmartre où on pourra se planquer. (R750 / BLIER Bertrand / Les Valseuses / 1972)

(34)　C'est fini ? Ou on se remet au lit ? demanda Géraldine en se versant un trait de gin dans du champagne.
– Pfff… souffla Jean Chapot. *Enfin bref*, je tenais à te dire que je t'ai toujours beaucoup aimée et admirée, et…
– Et que pour cette excellente raison tu vas épouser une Geneviève à Montpellier. J'ai compris. (R828 / VERGNE Anne / L'Innocence du boucher / 1984)

La raison pour laquelle *enfin bref* a cette nuance est probablement que si le locuteur annonce que sa reformulation sera plus courte que le fragment de discours précédent, il admet implicitement avoir enfreint la maxime gricéenne de Manière, et, partant, admet aussi un défaut de pertinence dans son propre discours.

Le MD *enfin bref* est donc composé de deux éléments dont un n'est pas un marqueur. Dans la langue parlée actuelle, la combinaison *enfin bref* est le contexte d'usage le plus fréquent de *bref* – dans le corpus ELICOP, c'est pratiquement son seul contexte d'usage. Dans une réanalyse, le fragment du discours constitué par le MD déjà pragmaticalisé *enfin* et le mot suivant, *bref*, a de nouveau été pragmaticalisé pour former un nouveau MD complexe.

5. CONCLUSION

Apparemment, les MD complexes lexicalisés peuvent être recrutés à partir d'un grand éventail de formes linguistiques – des constructions syntaxiques, des séquences de MD déjà pragmaticalisés et des séquences d'éléments dont quelques-uns sont des MD et d'autres non. Il semble que la seule condition formelle, c'est que ces éléments soient contigus dans la chaîne parlée déjà avant d'être recrutés pour l'emploi comme MD. Pourtant, cette contiguïté peut être imposée par la syntaxe (MD phrasème) ou par le discours lui-même (combinaison de MD stockée dans le lexique). Dans le dernier cas, ils sont pragmaticalisés par réitération. La condition fonctionnelle pour pouvoir être recruté comme MD, c'est que cette séquence semble efficace et pertinente aux locuteurs pour la construction du discours.

Bibliographie

ABRAHAM, W. (1991), « The grammaticization of the German modal particles », *in* : Traugott, E. et Heine, B. (éds), *Approaches to grammaticalization*, vol. 2, Amsterdam / Philadelphia, Benjamins, pp. 331-380.

AIJMER, K. (2002), *English discourse particles : evidence from a corpus*, Amsterdam / Philadelphia, Benjamins.

BEECHING = BEECHING, Kate, *Un corpus d'entretiens spontanés, enregistrés et transcrits par Kate Beeching*, <http://www.uwe.ac.uk/facults/les/staff/kb/CORPUS.pdf>.

BRINTON, L. (1996), *Pragmatic markers in English. Grammaticalization and discourse functions*, Berlin / New York, Mouton de Gruyter.

DETGES, U. (2001), *Grammatikalisierung. Eine kognitiv-pragmatische Theorie*, thèse d'habilitation, Tübingen.

DOSTIE, G. (1998), « Deux marqueurs discursifs issus de verbes de perception : de *écouter / regarder* à *écoute / regarde* », in : *Cahiers de lexicologie*, 73, pp. 85-106.

DOSTIE, G. (2004), *Pragmaticalisation et marqueurs discursifs. Analyse sémantique et traitement lexicographique*, Bruxelles, De Boeck, Duculot.

ELICOP = *Etude Linguistique de la Communication Parlée*, <http://bach.arts.kuleuven.be/elicop/>.

FRANTEXT = <http://www.frantext.fr>.

HANSEN, M.-B. M. (1995), « Marqueurs métadiscursifs en français parlé : l'exemple de *bon* et de *ben* », *Le Français Moderne*, 63 : 1, pp. 20-41.

HANSEN, M.-B. M. (1998), *The function of discourse particles. A study with special reference to Spoken Standard French*, Amsterdam / Philadelphia, Benjamins.

HANSEN, M.-B. M. (2005), « From prepositional phrase to hesitation marker : The semantic and pragmatic development of French *enfin* », *Journal of Historical Pragmatics*, 6, pp. 37-68.

HANSEN, M.-B. M. (2006), « A dynamic polysemy approach to the lexical semantic of discourse markers (with an exemplary analysis of French *toujours*) », *in* : Fischer, K. (éd), *Approaches to discourse particles*, Oxford, Elsevier, pp. 21-42.

LEHMANN, C. (1985), « Grammaticalization : Synchronic variation and diachronic change », *Lingua e stile*, 20, pp. 303-318.

TRAUGOTT, E. C. (1997), « The role of the development of discourse markers in a theory of grammaticalization », conférence lors de la 12th International Conference on Historical Linguistics, Manchester 1995, version 11/97.

TRAUGOTT, E. C. (1999), « The rhetoric of counter-expectation in semantic change : a study in subjectification », *in* : Blank, A. et Koch, P. (éds), *Historical semantics and cognition*, Berlin, Mouton de Gruyter, pp. 177-196.

WALTEREIT, R. (2002), « Imperatives, interruption in conversation, and the rise of discourse markers : A study of Italian *guarda* », *Linguistics*, 40, pp. 987-1010.

WALTEREIT, R. (2006), « The rise of discourse particles in Italian : A specific type of language change », *in* : Fischer, K. (éd.), *Approaches to discourse particles*, Oxford, Elsevier, pp. 65-82.

WALTEREIT R. et DETGES, U. (sous presse), « Different functions, different histories : Modal particles and discourse markers from a diachronic point of view », *Catalan Journal of Linguistics*.

WINTHER, A. (1985), « *Bon (bien, très bien)* : ponctuation discursive et ponctuation métadiscursive », *Langue Française*, 65, pp. 80-91.

Éva Buchi
Université de Nancy, UMR CNRS 7118 *ATILF*, France

Sur la trace de la pragmaticalisation de l'adverbe *toujours* (« Voyons toujours l'apport de la linguistique historique »)*

1. INTRODUCTION

1.1. *Toujours* et *toujours est-il que* marqueurs discursifs

L'adverbe français *toujours*, dont la valeur de base est temporelle (donc grammaticale), connaît plusieurs sens pragmatiques (ou discursifs ou énonciatifs ou non vériconditionnels), qui le classent en même temps dans la catégorie des marqueurs discursifs (ou pragmatèmes)[1] :

(1)   – Il y en a tout de même pas mal ? demande Robert.
        – Ça fait pas une fortune, mais c'est *toujours* ça.

(2)   – Elle va empoisonner ton existence !
        – ELLE : Peut-être !…. mais crois-tu que je sois capable de vivre sans luxe ?
        – JEAN : Tu peux *toujours* essayer !

(3)   Ceux qu'on a dû lui fourguer, sais pas où… Dans un vestiaire de charité hebdo, ou bien au Secours Catholique, ou à l'Arnaque… pas chez Jordan, *toujours*.

(4)   Dans un autre ordre d'idées, pour lutter contre l'usure des pistons et des cylindres, particulièrement sensibles au moment du lancement du moteur, Delahaye

---

* Nos remerciements les plus chaleureux s'adressent à Jean-Pierre Chambon (Université de Paris-Sorbonne), à Jean-Paul Chauveau (ATILF, Nancy), à Gaétane Dostie (Université de Sherbrooke), à Thomas Städtler (DEAF, Heidelberg) et à un membre anonyme du Conseil scientifique de la revue *Langue française* pour leurs remarques stimulantes sur une première version de ce texte.
1. Pour la terminologie retenue, *cf.* Buchi (à paraître : 1-3).

réalise un dispositif spécial assurant un graissage supplémentaire au début de la mise en mouvement de la machine. *Toujours* pour réduire l'usure, l'emploi d'organes doués d'une haute dureté superficielle se développe.

Quant à la locution conjonctive *toujours est-il que*, son sens est exclusivement énonciatif :

(5)   Il se trouvera de bons esprits pour plaider la coïncidence, *toujours est-il que* mon père s'en fut avec ma sœur le jour qu'elle se découvrit une femme.

(6)   – Je viens de faire une curieuse rencontre, dis-je à ma demi-sœur, tout en lui servant un peu de rosé du Béarn. Vous rappelez-vous ce repas de noce ?
– Oh oui ! Vous m'aviez d'ailleurs bien rendu service !
– C'était peu de chose… *Toujours est-il que* j'ai rencontré le jeune homme qui avait à payer le gage, vous vous souvenez ?

1.2. Historique des études consacrées à *toujours*

En un quart de siècle, un ensemble de linguistes, dont la majorité se réclame des théories de l'énonciation et de l'argumentation, nous ont fourni collectivement une description particulièrement achevée de l'unité linguistique *toujours* du français contemporain. La plupart de ces contributions concernent un (ou deux) emploi(s) de l'adverbe : Cadiot *et al.* 1985 (assertif et scalaire), Ducrot *et al.* 1986 (scalaire), Nguyen 1986a (*toujours est-il que*), Nguyen 1988 (concessif), Borillo 1988 (itératif), Muller 1999 (persistant), tandis que Nguyen (1986b) propose une approche synthétique de ces valeurs discursives (connective-argumentative, assertive, concessive, et *toujours est-il que*). Cinq auteurs, enfin, livrent une description unifiée du grammème-pragmatème, mettant tantôt l'accent sur l'unité de sa valeur fondamentale en langue (Fuchs 1988 ; Franckel 1989 : 287-310 ; Nemo 2000), tantôt sur sa polysémie patente (Martin 1987 : 120-125 [passage de l'axe *de re* à l'axe *de dicto*] ; Hansen 2004).

1.3. Objectifs

Dans ce qui suit, nous nous proposons de compléter par une approche historique le riche tableau synchronique des valeurs de *toujours* qui se dégage de ces travaux ancrés dans le français contemporain[2], poursuivant ainsi l'étude diachronique de la pragmaticalisation de marqueurs discursifs français amorcée par Perret (1995), Buchi (2000 et, surtout, à paraître) et Nølke (2006). Concrètement, notre but consiste à établir une échelle diachronique des différentes valeurs que les pragmatèmes *toujours* et *toujours est-il que* ont acquises à travers le temps, en distinguant celles qui tirent directement leur origine de l'adverbe temporel de celles qui se greffent sur un emploi déjà pragmatique de *toujours*.

À un niveau plus général, notre étude se voudrait une contribution au volet sémasiologique de la pragmatique historique, pour lequel la linguistique française accuse encore un retard considérable par rapport à la linguistique anglaise (*cf.* Hansen & Rossari 2005 : 180).

---

2. *Cf.* cependant une ouverture vers la diachronie dans Hansen (2004 : 52).

2. ENCHAÎNEMENT DIACHRONIQUE DES DIFFÉRENTES VALEURS DE *TOUJOURS*

2.1. Point de départ (*explicans*) : grammème

2.1.1. *Toujours*1 : emploi permanent

À l'origine de *toujours* se situe, dès l'ancien français, sa grammaticalisation, à partir du syntagme nominal *toz jors* « tous les jours », par réanalyse en « tout le temps, sans s'arrêter » et recatégorisation comme locution adverbiale, puis comme adverbe (von Wartburg 1928 *in* FEW 3, 104a ; Hansen 2004 : 51)[3]. Cette nouvelle unité a rapidement évincé le représentant héréditaire de SEMPER dans son sens étymologique[4]. La valeur permanente de *toujours*1 (*cf.* Martin 1987 : 120-121 ; Muller 1999 : 217 ; Hansen 2004 : 40-41) peut être exemplifiée par la citation suivante :

> (7) Froide, brave, calculatrice, méfiante, discutante, ayant toujours peur d'être électrisée par quelqu'un qui pourrait se moquer d'elle en secret, absolument libre d'enthousiasme, un peu jalouse des gens qui ont vu de grandes choses à la suite de Napoléon, telle était la jeunesse de ce temps-là, plus estimable qu'aimable. (1822, Stendhal, *De l'amour*, Frantext)

La négation interne[5] de ce *toujours*1 se fait par *jamais*, la négation externe, par *pas toujours*. La première attestation de *toujours*1 remonte à la *Chanson de Roland*, datée de *ca* 1100 (Dufour *in* TLF 1994 ; FEW 3, 104a, DIURNUM ; TL 4, 1786-1788 ; GdfC ; Ernst & Wolf 2005) :

> (8) [Admiratif devant les exploits de Roland, l'archevêque le montre en exemple : c'est ainsi que doit combattre un chevalier, sinon il ne vaut rien.] Einz deit monie estre en un de cez mustiers, Si prïerat **tuz jurz** por noz peccez (« Il vaudrait mieux alors qu'il se fasse moine dans un monastère et qu'il passe son temps à prier pour nos péchés » ; *ca* 1100, *Chanson de Roland*, vers 1882, Segre 1989 : 187)

Même à ce stade de l'ancien français, antérieur au figement (au moins graphique) de la locution adverbiale en adverbe, le sens ici est bien « tout le temps », tandis que l'idée de « tous les jours » est rendue par *chascun jor* (*ca* 1100-milieu XIIe siècle, Städtler *in* DEAF J 564) ou *toz les jors* (TL 4, 1787-1788)[6].

---

3. Nous ne tenons pas compte de l'ancien français *tote jor* loc. adv. « toute la journée », distinct étymologiquement, formellement et (la plupart du temps) sémantiquement (*cf.* von Wartburg/ Haust *in* FEW 3, 106b, note 18 et TL 4, 1772).

4. Ce n'est qu'en ancien français archaïque (fin IXe siècle – *ca* 1000) que -*sempre*- signifie encore « toujours » ; très vite, son sémantisme passe à « aussitôt » (*ca* 1000 – XVe siècle, Colón 1963 *in* FEW 11, 442a, SEMPER).

5. Pour la distinction entre la négation interne et externe, *cf.* Moeschler & Reboul (1994 : 231-233).

6. En effet, selon une aimable communication de Thomas Städtler, afr. -*toz jors*- présente dès les plus anciens textes le sens indécomposable de « tout le temps », et ce n'est que très exceptionnellement qu'une interprétation étymologisante (« tous les jours ») peut se greffer sur ce sémantisme central : *Li nostre Crëaturs Furmat les premers jurs U li soleilz tuz jurz Cumencerat sun curs* (1119, Philippe de Thaon, *Comput*, vers 1247, Short 1984 : 17).

2.1.2. *Toujours2* : emploi itératif

Une seconde valeur temporelle de *toujours* est d'ordre itératif (ou répétitif) ; on peut la rendre par « habituellement, chaque fois » (*cf.* Borillo 1988 ; Hansen 2004 : 41-42). Ce *toujours2* est actualisé dans (9), où il s'appuie sur le contexte restrictif d'une proposition temporelle :

(9)   Tu m'as fait peur. Tu me fais *toujours* peur quand tu me parles sur ce ton.
        (1950, J. Green, *Moïra*, Frantext)

Le sens itératif de *toujours* appartient déjà à l'ancien français ; il commence à être attesté moins d'un siècle après le sens originel de *toujours* (peu avant 1200, Städtler *in* DEAF J 565 [aussi 1er tiers XIIIe siècle] ; *ca* 1201, Gdf s.v. *aconter* ; BFM [1305/1309 ; 1369/1400 ; 1453/1467] ; Frantext [1639 et *passim*] ; Ernst & Wolf 2005) :

(10)   [Dans leur fuite, Guillaume et Aélis s'arrêtent chaque soir dans une auberge.] Aprés mangier, quant il aconte A son oste de sa despense, La pucele qui riens n'i pense, Rent **tos jors** d'argent plus que mains. (« Après le repas, quand il faisait avec son hôte le compte de sa dépense, la pucelle qui n'était pas regardante payait toujours plus que moins », Micha 1992 : 70 ; *ca* 1201, Jean Renart, *L'Escoufle*, vers 4291, Sweetser 1974 : 138 = Gdf s.v. *asconter*)

La négation de *toujours2* obéit aux mêmes règles que celle de *toujours1*. Ce fait, ainsi que la proximité sémantique des deux valeurs, font que *toujours2* peut être décrit comme une simple variante pragmatique de *toujours1* (*cf.* Hansen 2004 : 41).

2.1.3. *Toujours3* : emploi persistant

Combiné à un verbe à l'aspect imperfectif, *toujours* peut prendre le sens de « encore au moment considéré » (*cf.* Martin 1987 : 121 ; Muller 1999, 218-236 ; Hansen 2004 : 42-44), comme dans (11) :

(11)   C'est le petit Saint-Loup. Il paraît qu'il aime *toujours* sa grue. C'est la grande amour. (1918, Proust, *À la recherche du temps perdu*, Frantext)

Les énoncés comportant *toujours3* peuvent être reformulés, sans différence sémantique notable, à l'aide du verbe *continuer* (en l'occurrence : *Il paraît qu'il continue à aimer sa grue*). Syntaxiquement, *toujours3* se distingue de *toujours1-2* par le fait que sa négation externe se fait par *ne... plus*, sa négation interne, par *toujours pas*. La première attestation connue de *toujours3* remonte à *ca* 1180 (Städtler *in* DEAF J 565 [aussi *ca* 1200 et *ca* 1220[7]] ; BFM

---

7. [Ysabeau encourage Constant à se venger des trois conspirateurs qui les ont privés de leurs moyens de subsistance]. *Mais toz jorz tenez vostre hache, Quar ele valt une menace* (« Mais ne lâchez pas votre hache [qu'il tient déjà à la main], car elle représente une menace » [vers 658-659]) [...] *Or escoutez de son vilain : Tot jorz tint sa hache en sa mein* ([après la vengeance] « tournons-nous maintenant vers son mari le fermier : il tenait toujours sa hache à la main » ; *ca* 1220, *Constant du Hamel*, vers 776-777, Noomen & van den Boogaard 1983 : 124). Pour la valeur imperfective du passé simple en ancien français (consignée à un petit nombre de verbes, dont *tenir*), *cf.* Buridant (2000 : 366-367).

[1369/1400[8] ; *ca* 1400] ; DMF2 [1454] ; Frantext [1637 et *passim*] ; Dufour *in* TLF 1994 [1667] ; Ø Ernst & Wolf 2005) :

(12)   Il voit le tornoiement qui **toz jorz** anforce et amande (« Il regarde le combat, qui continue à s'intensifier de plus en plus » ; *ca* 1180, Chrétien de Troyes, *Perceval*, vers 5107, Poirion 1994 : 811 = Städtler *in* DEAF J 565)

Nous verrons toutefois ci-dessous (2.2.1.) que *toujours*3 est sûrement encore légèrement plus ancien.

2.1.4. *Toujours*4 : emploi générique

Le dernier sens vériconditionnel de *toujours* peut être rendu par « communément (de par son / leur essence) » ; il est réalisé, par exemple, dans l'énoncé suivant :

(13)   Je réprime un sourire. Les théories financières des enfants, comme celles des femmes, sont *toujours* très ingénieuses. (1967, M. Bataille, *L'Arbre de Noël*, Frantext)

Les propositions comportant *toujours*4 peuvent être reformulées à l'aide du déterminant *tout* (ainsi *toutes les théories financières des enfants sont très ingénieuses*), ce qui motive notre appellation d'« emploi générique », équivalent au sens distributif dans la terminologie de M.-B. M. Hansen (2004). Ce *toujours* peut être considéré comme une variante particulière du *toujours*2 (itératif) où c'est le sujet, et non le prédicat, qui tombe sous la portée de l'adverbe ; de plus, la négation se réalise sous la même forme (*cf.* Hansen 2004 : 42). Il est attesté depuis *ca* 1170 (Städtler *in* DEAF J 565 ; DMF2 [1372[9] ; *ca* 1380 ; 1478 ; *ca* 1477/1481 ; 1484] ; BFM [1369/1400] ; Frantext [1507 et *passim*] ; Trévoux 1743 et Académie 1762 *in* GAHLF ; Ø FEW ; Ø TLF ; Ø Ernst & Wolf 2005) :

(14)   Ço li fait dire coardie : Proveire sont **toz jorz** coart (« c'est la couardise qui lui fait dire cela : les prêtres sont tous couards » ; *ca* 1170, Benoit de Sainte-Maure, *Roman de Troie*, vers 4000-4001, Constans 1904, vol. 1, 205 = Städtler *in* DEAF J 565)

2.2. Point d'arrivée (*explicandum*) : pragmatème

2.2.1. *Toujours*5 : emploi scalaire

Le sens de l'adverbe *toujours* bascule une première fois dans la sphère discursive avec l'emploi exemplifié par [1] :

---

8. [La déroute des Français lors de la prise de Caen par les Anglais est générale.] [...] *car les Englois estoient ja entré dedens la ville bien avant* [...]. *Et avint que li connestables de France et li contes de Tanqarville, qui monté estoient en celle porte au pont, regarderent au lonc, tant en la ville que dehors la ville, car* tousjours *entroient Englois* (« car les Anglais continuaient à entrer » ; Froissart, *Chroniques*, Diller 1972 : 691).

9. [...] *pour ce que il* [= le feu] *n'a point de pesanteur il tent* toujours *en hault* (« n'ayant pas de poids, tous les feux tendent vers le haut », 1372, Corbechon, *Livre des propriétés des choses* [manuscrit], DMF2).

[1]   [En parlant du butin ramené d'un cambriolage de ferme avorté :] [...] sans elles [= les pintades qui ont alerté le fermier], on faisait une sacrée razzia. – Il y en a tout de même pas mal ? demanda Robert. – Ça fait pas une fortune, mais c'est **toujours** ça. (1960, B. Clavel, *Malataverne*, Frantext)

La valeur de ce *toujours*5 peut être rendue par « au moins, quoi qu'il en soit par ailleurs (affirme une validité résistant à toute éventualité) » (*cf.* Cadiot *et al.* 1985 : 107-115 [« *toujours* dans les arguments »] ; Ducrot *et al.* 1986 ; Nguyen 1986b : 130-133 ; Fuchs 1988 : 146 ; Muller 1999 : 219 ; Hansen 2004 : 44-46 [« modal »]). Nous l'appelons « scalaire » (en référence à l'idée d'un degré relatif) par analogie avec le *déjà*3 (réalisé par exemple dans *c'est déjà ça de gagné*) décrit dans Buchi (à paraître : 6). De tous les emplois pragmatiques de *toujours*, c'est incontestablement celui qui a la plus grande profondeur historique, puisqu'il remonte à l'ancien français, où nous en connaissons un témoignage seulement environ soixante-dix ans après la première attestation absolue de *toujours* (Städtler *in* DEAF J 565 [*ca* 1170] ; TL s.v. *jor* [1er tiers XIIIe siècle][10] ; BFM [1369/1400][11] ; 1456/1467] ; DMF [1461] ; Enckell 1998 *in* DDL 47 [av. 1524 ; XVIe siècle] ; Frantext [1673-1990] ; Trévoux 1743 et Académie 1762 *in* GAHLF ; Benoit/Martin *in* TLF 1994 [1886] ; Hosch 1897 : 25-26 ; FEW 3, 104a, DIURNUM [sans date] ; Ø Ernst & Wolf 2005) :

(15)   [Herland a promis à Rigmel de lui présenter Horn ; pris de scrupules devant d'éventuels effets néfastes de cette rencontre, il raisonne :] Pur çoe sui joe d'icest en grant esguarement Ke face vers Rigmel, d'icest prametement, Mes **tuz jors** ferai çoe qu[e] ai en pensement, Qu'i merrai Haderof pur l'aperceivement Quel semblant el li fra a cest asemblement (« Pour cette raison je suis dans l'embarras par rapport à la promesse faite à Rigmel ; dans un premier temps [, quoi qu'il en soit par ailleurs][12], je ferai ce que j'ai imaginé : c'est Haderof que je lui amènerai [à la place de Horn], afin de tester sa réaction face à une telle rencontre » ; *ca* 1170, *Le Roman de Horn*, vers 692, Pope 1955 : 23 = Städtler *in* DEAF J 565)

Quelle est l'origine de cette première valeur discursive de *toujours* ? Comment s'articule cette dernière avec celles, vériconditionnelles, du gramm-mème originel ? Les opinions divergent : tandis que R. Martin (1987 : 121)

---

10. [Plutôt que de répondre aux questions de Meriadeuc et de Gauvain] *il* [= le chevalier inconnu] *se combatra ; Car tous iours au dire uenra, S'il auient ke cil le conquiere* (« il décide de se battre, car il pourra toujours en venir aux explications si par aventure son adversaire en arrive à le vaincre », *Li Chevaliers as deus espees*, vers 11419-11421, Foerster 1877 : 352 = TL). Cet exemple ne présente pas *toujours*3 (persistant), car *tous iours au dire uenra* ne signifie pas « il continuera à en venir aux explications » ; *toujours*5 y relève de la « mention d'une dernière possibilité » mise en évidence par Métrich & Faucher & Courdier 1998 (3, 77) pour des emplois analogues d'all. *immer noch* (*wenn auch niemand anderer mehr dagewesen wäre, wäre* immer noch *er selber dagewesen* « même s'il n'y avait eu personne d'autre, il était **bien** là, lui »).

11. [...] *Et ce marchiet il fera trop volentiers, car d'Engleterre, il avera trop belle entree de venir en Bretagne et de Bretagne en France, et pora laisier ses honmes en garnison en Bretagne et rafresgir ; et tousjours, conment que la querelle se porte, i averés vous des bons amis. [...] Li contes de Montfort ouvri ses orelles a ce consel [...]* (Froissart, *Chroniques*, Diller 1972 : 478).

12. Pope 1964 : 208 définit par « anyhow », Rothwell/Gregory *in* AND par « in any event, still ».

rattache *toujours5* (et *toujours6*)[13] (plutôt) à l'emploi persistant (*toujours3*)[14], M.-B. M. Hansen (Hansen 2004 : 52) les fait remonter à l'emploi permanent (*toujours1*)[15]. Nous nous rangerons à l'avis de R. Martin, et cela tant pour des raisons sémantiques que syntaxiques.

Le sémantisme de *toujours5* comporte en effet une idée implicite de validité relative qui nous semble pouvoir être commodément expliquée comme un héritage de *toujours3* (« encore au moment considéré [mais pas éternellement] »), alors qu'elle s'oppose à l'idée de validité absolue de *toujours1* (« tout le temps »). La permutabilité de *c'est* toujours *ça* dans [1] avec *c'est* déjà *ça* ou *c'est* encore *ça* (*cf.* Hansen 2004 : 45) illustre bien cette référence intrinsèque à un point de repère : l'énonciateur se situe *encore au moment considéré* dans la possibilité d'affirmer que le butin ramené du cambriolage avorté n'est pas complètement négligeable.

Cette analyse, fondée sur les propriétés sémantiques prêtées à *toujours5*, est confortée par deux éléments d'ordre syntaxique. Premièrement, comme le rappelle R. Martin (1987 : 121-122), la négation de *toujours5* se fait – quand elle est possible – par *toujours pas*, *cf.* Damourette & Pichon (1911-1940, vol. 7, p. 190, § 2974), qui citent notamment l'exemple suivant :

> (16) PROSPER : Et il faut voir l'effet que ces choses-là font en province, quand on les raconte.
> – L'HUISSIER : Qui est-ce qui les raconte ? Ce n'est *toujours pas* les députés.
> (1913, A. Chapus, *Les Favorites*)

Or, *toujours5* partage cette particularité, qui l'oppose à *toujours1/2/4*, avec le seul *toujours3* (en négation interne). Deuxièmement, comme *toujours3*, *toujours5* ne se rencontre jamais en cooccurrence avec l'aspect perfectif :

> [1'] – Il y en a/avait/aura tout de même eu pas mal ? demanda Robert. – Ça n'a/avait/aura pas fait une fortune, *mais ça a/avait/aura *toujours* été ça.

Certes, le caractère *ex silentio* de cet argument le fragilise, mais joint aux deux autres, il n'est pas à négliger. Un dernier argument mineur, enfin, nous semble résider dans l'équivalence (partielle) de *toujours5* avec all. *immer noch* « toujours3 » (Métrich & Faucher & Courdier 1998).

Si l'on accepte nos vues, et compte tenu de l'antériorité relative du sens référentiel des adverbes par rapport à leurs sens pragmatiques, mise en évidence par Traugott & Dasher (2002 : 188-189)[16], que nous n'avons aucune raison de

---

13. Tant R. Martin que M.-B. M. Hansen, se plaçant à un niveau plus abstrait, réunissent les emplois scalaire et assertif de *toujours* dans une même catégorie.

14. « Dans l'emploi *de dicto*, persistance et permanence se confondent plus ou moins. C'est pourtant l'idée de persistance qui paraît l'emporter, du moins si on en juge par le tour négatif, fourni par *toujours pas* […] ».

15. « L'emploi modal de *toujours* constituerait une subjectification […] du sens temporel de base et l'idée de validité globale véhiculée par l'adverbe s'appliquerait alors au niveau de l'assertabilité de la proposition, plutôt qu'au niveau de son contenu ».

16. « The direction of change is, however, entirely regular, specifically from verb-modifier to sentence-modifier, from relatively concrete to relatively abstract and nonreferential, from contentful to procedural » (dans la conclusion du chapitre "The development of adverbials with discourse marker function").

mettre en doute, il s'ensuit que *toujours*3 doit être légèrement plus ancien que ce que l'état des connaissances actuelles permet d'affirmer (*ca* 1180 [toujours5 : *ca* 1170]). Notre analyse mettrait donc en évidence une carence de la description sémantique de la locution adverbiale *toz jors* de l'ancien français ; à ce titre, elle est susceptible d'orienter les recherches futures dans ce domaine. Typiquement, la théorisation remplit ici le rôle de moteur de la description linguistique (qui relève en l'occurrence de l'approche philologique)[17].

2.2.2. *Toujours*6 : emploi assertif

Par parallélisme descriptif avec *déjà* – le germanisme réalisé dans *je le ferai déjà* « je le ferai bien » –, analysé dans Buchi (à paraître : 9-10), nous appelons « assertif » un emploi de *toujours* que l'on pourrait rendre par « à tout hasard (justifie l'accomplissement d'un acte futur en disant qu'il n'engage à rien) » (*cf.* Cadiot *et al.* 1985 : 115-121 [« *toujours* dans les conclusions »] ; Nguyen 1986 : 133-135 ; Martin 1987 : 121-122 ; Fuchs 1988 : 143-144 ; Nguyen 1988 : 36 ; Nemo 2000 : 503 ; Hansen 2004 : 47 [« modal »]). Au plan diaphasique, *toujours*6 semble appartenir à la variété « de proximité discursive » du français[18] ; nous ne l'avons pas rencontré dans la négation. Selon le contexte, il peut marquer tant une argumentation positive que négative[19] :

[2] Elle va empoisonner ton existence ! ELLE : Peut-être ! ... mais crois-tu que je sois capable de vivre sans luxe ? JEAN : Tu peux *toujours* essayer ! ELLE : Et même si un jour je dois essayer, si je dois le quitter... je veux le faire tout doucement... (1911, S. Guitry, *Le Veilleur de nuit*, Frantext)

(17) On sait bien que tu ne la protèges plus : elle est pauvre, elle ne vit que de ce que tu lui envoies. Moi, je ferai mon possible pour l'aider...
– Je te le défends bien !
– Essaie *toujours* ! Brusquement, leur vieille violence mal refoulée venait de ressurgir entre eux et les dressait l'un contre l'autre, prêts à s'affronter. (1934, Daniel-Rops, *Mort, où est ta victoire ?*, Frantext)

En tant que marqueur assertif, *toujours* est attesté depuis le milieu du XVe siècle (BFM [1456/1469] ; DMF2 [1500][20] ; Enckell 1998 *in* DDL 47 [1531 ; milieu XVIe siècle] ; Enckell 1991 *in* DDL 38 [1579 ; 1661] ; Dufour *in* TLF 1994 [1666] ; Trévoux 1743 et Académie 1762 [« il est du style familier »] *in* GAHLF ; Rézeau 1995 *in* DDL 44 [1875 : *dites toujours*] ; Ø Ernst & Wolf 2005) :

(18) LE BERGIER : Bee ! PATHELIN : Et dy ouÿ ou nenny. C'est bien fait. Dy **toujours** ! Feras ? (« LE BERGER : Bée ! PATHELIN : Réponds par oui ou par non. [À

---

17. Pour un autre exemple particulièrement patent, *cf.* Buchi (2006 : 5-7).

18. *Cf.* pour cette notion Koch & Oesterreicher (1990 : 8-12).

19. « Si j'ai le sentiment que les conséquences en seront ou favorables ou anodines, mon dire aura la valeur d'un bon conseil. Si, au contraire, tout donne à penser qu'elles seront désastreuses, ma phrase apparaîtra comme une menace » (Martin 1987 : 121 ; *cf.* aussi Hansen 2004 : 47 et Franckel 1989 : 303).

20. [Un moine et un *gendarme* (soldat) se disputent les faveurs d'une jeune fille ; le moine et la jeune fille chantent ensemble.] LE GENDARME : *Maistre moyne, chantez* toujours *Et faictes bien a vostre guise, Car voz champs tourneront en pleurs, Se je viens a mon entreprinse* (Jean d'Abondance, *Le Procès d'un jeune moyne et d'un viel gendarme devant Cupido*).

voix basse :] Très bien ! Continue ! [À voix haute :] Parle donc » ; 1456/1469,
La Farce de maître Pierre Pathelin, vers 1389, Dufournet 1986 : 172-173 = BFM)

Nous proposons d'analyser *toujours6* comme issu d'une évolution secondaire de *toujours5* qui s'est développée dans les entourages syntaxiques déterminés soit par un impératif, soit par le verbe *pouvoir* (ou éventuellement un autre verbe du même paradigme).

2.2.3. *Toujours7* : emploi concessif

La troisième valeur pragmatique de *toujours,* d'ordre concessif, pourrait être glosée par « toutefois, néanmoins » (*cf.* Nguyen 1986b : 135-136 ; Nguyen 1988 ; Hansen 2004 : 50-52) ; elle est actualisée dans [3] :

[3] Ceux qu'on a dû lui fourguer, sais pas où... Dans un vestiaire de charité hebdo, ou bien au Secours Catholique, ou à l'Arnaque... pas chez Jourdan, *toujours.* (1987, J.-L. Degaudenzi, *Zone,* Frantext)

Beaucoup plus récent que *toujours5-6, toujours7* n'apparaît qu'au XVIIIe siècle. En l'état actuel de nos connaissances, sa première attestation remonte à 1749 (Enckell 1981 *in* DDL 19 [aussi 1768[21]] ; Littré [1784] ; Ø FEW[22] ; Ø TLF ; Ø Ernst & Wolf 2005) :

(19) ["Mademoiselle" refuse d'accepter le cadeau que "Monsieur" lui a fait porter, plongeant ce dernier dans le désespoir. "Monsieur" menace de se suicider si "Mademoiselle" continue à ignorer ses lettres.] Monsieux, J'n'avons pas le cœur aussi dur que du machefer ; je n'demandons pas la mort d'un vivant comme vous ; ben du contraire ; si je ne vous ai pas écrit une réponse à l'autre lettre d'avant advanzhier, c'est qu'mon frere Jean-Louis qui s'est brûlé une de ses mains droite, il a usé toute l'encre pour metre dessus sa brûlure ; ça n'empêche pas qu'une autre fois ne m'envoyez plus de présent *toujours,* car [...] (Vadé 1749 : 106 = Enckell 1981 *in* DDL 19)

Ce *toujours* concessif est réputé occuper systématiquement une position détachée à la fin de l'énoncé qu'il marque (Nguyen 1986b : 123 ; Nguyen 1988 : 36 ; Hansen 2004 : 50). Si l'immense majorité des occurrences que nous avons pu réunir se conforment à ce modèle, on le relève pourtant aussi en incise, comme dans (20) ou (21) :

(20) Je te dois tant, tu m'as fait comprendre tant de bonnes et honnêtes choses dont personne ne m'avait jamais parlé ! Ah ! si nous nous étions rencontrés plus tôt ! Mais tu ne marchais pas que déjà je roulais dans les bras des hommes ! Pas un de ceux-là, *toujours,* ne pourra se vanter de m'avoir inspiré une résolution pareille pour le garder encore un petit peu. (1884, A. Daudet, *Sapho,* Spitzer 1912 : 721 [analysé comme un précurseur de *toujours est-il que*])

---

21. *GENEVIÈVE. Je voudrois ben sçavoir de quoi ça se mêle ; c'est ty là tes affaires ? Est-ce devant ta porte ?* — *TIRE-PIED. Et pargué non mais. C'est devant not table* toujours (*La Bourbonnoise à la guinguette* [vaudeville]).

22. Si von Wartburg *in* FEW 3, 104a, DIURNUM ne mentionne pas cette acception pour la langue commune, il la relève dans deux parlers lorrains : Florent (Marne) *toujou* adv. « toujours ; surtout ; pourtant » et Les Vouthons (Meuse) *toûjou* « toujours ; néanmoins ».

(21)   En tout cas, j'aime mieux vous dire que c'est pas ce qui vient de se passer qui va améliorer les choses… – Quelles choses ? – Un autre se serait tenu peinard. Aurait essayé de… Mais pas môsieur, naturellement… ça emmerderait trop môsieur, s'pas, de se comporter comme tout le monde ? – Je… – Vous pourrez pas dire, *toujours*, que je vous ai pas averti. Que je vous ai pas donné toutes vos chances. (1980, J.-L. Benoziglio, *Cabinet portrait*, Frantext)

La portée de *toujours* englobe en effet l'ensemble de la proposition *Pas un de ceux-là ne pourra* […] dans (20) et *Vous pourrez pas dire* […] dans (21). Cette variante positionnelle de *toujours* concessif rappelle celle, parallèle en tous points, du réévaluatif *quoi* (*cf.* Buchi 2000 : 86-88).

Toujours7 connaît une autre particularité syntaxique de fréquence : il porte en règle générale (pour des contre-exemples, *cf.* Nguyen 1988 et notre note 21) sur des (fragments d') énoncés négatifs. Pour ce qui est de l'origine de *toujours7*, nous suivons M.-B. M. Hansen (2004 : 52) pour le rattacher à *toujours5* (scalaire ; *cf.* notamment [16]) : « Détaché à droite, *toujours* semble constituer une intersubjectification […] de l'emploi modal, c'est-à-dire que, tout en étant clairement apparenté à celui-ci, il marque plus ouvertement la prise en compte du point de vue de l'allocutaire, ce qui en fait un connecteur plutôt qu'une simple particule modale ».

2.2.4. *Toujours8* : emploi thématique

Un dernier sens pragmatique de *toujours* se dégage des analyses de F. Nemo (2000 : 502-503). Marquant la continuité thématique dans une énumération, ce *toujours8* peut être paraphrasé par « de même (sans changer de sujet) » :

[4]   Dans un autre ordre d'idées, pour lutter contre l'usure des pistons et des cylindres, particulièrement sensible au moment du lancement du moteur, Delahaye réalise un dispositif spécial assurant un graissage supplémentaire au début de la mise en mouvement de la machine. *Toujours* pour réduire l'usure, l'emploi d'organes doués d'une haute dureté superficielle se développe. (1951, H. Tinard, *L'Automobile*, Frantext)

Cet emploi ne semble pas remonter plus haut que le XIXe siècle ; la première attestation que nous avons pu en relever est datée de 1874 (Frantext [aussi 1890 ; 1928 ; 1931 ; 1938 ; 1951 ; 1960 ; 1987] ; Ø FEW ; Ø TLF ; Ø Ernst & Wolf 2005) :

(22)   […] à droite de la grande dame aux beaux yeux noirs, mais d'une maigreur effrayante, M. de Bulow ; à sa gauche, l'ambassadeur de Belgique, M. van de Veyer. *Toujours* de ce même côté de la table, M. de Bacourt, premier secrétaire de notre ambassade, intelligent et posé (1874, Michelet, *Sur les chemins de l'Europe*, Frantext)

Quant au processus de pragmaticalisation de *toujours8*, il s'explique, à notre avis, par une subjectivisation[23] du sens persistant du grammème (*toujours3*) : l'idée « encore au moment considéré » passe, pour reprendre la terminologie de

---

23. « Subjectification is the semasiological process whereby [speakers/writers] come over time to develop meanings for [lexemes] that encode or externalize their perspectives and attitudes as constrained by the communicative world of the speech event, rather than by the so-called "real-world" characteristics of the event or situation referred to » (Traugott & Dasher 2002 : 30).

R. Martin (1987 : 111 et *passim*), de l'axe *de re* (« X continue à être vrai ») à l'axe *de dicto* (« l'énonciateur continue à parler de X »)[24].

2.2.5. *Toujours est-il que*I : emploi assertif

Après avoir passé en revue les huit valeurs (quatre grammaticales et quatre pragmatiques) de *toujours*, nous porterons à présent notre attention sur le connecteur complexe *toujours est-il que*. Celui-ci présente deux emplois bien distincts. Le premier pourrait être défini par « n'empêche que, reste que (relativise de façon parenthétique la valeur de ce qui vient d'être énoncé) » (*cf.* Cadiot *et al.* 1985 : 113 ; Nguyen 1986a ; Nguyen 1986b : 126-130 ; Martin 1987 : 122-124 ; Fuchs 1988 : 146 ; Grieve 1996 : 482-485 ; Hansen 2004 : 47-50), ainsi dans [5] :

> [5]   Il se trouvera de bons esprits pour plaider la coïncidence, *toujours est-il que* mon père s'en fut avec ma soeur le jour qu'elle se découvrit une femme. (1962, Y. Berger, *Le Sud*, Frantext)

Nous appelons cet emploi « assertif » par référence à la terminologie de C. Guimier[25]. G. Dufour *in* TLF 1994 date l'apparition de ce marqueur complexe de 1681, chez Bossuet (cité à travers Littré). Or un examen du passage en question fait apparaître que les divers éléments constitutifs de la future locution discursive *toujours est-il que* y figurent encore en syntagme libre :

> (23)   Thebes le pouvoit disputer aux plus belles villes de l'univers. Ses cent portes chantées par Homere sont connuës de tout le monde. Elle n'estoit pas moins peuplée qu'elle estoit vaste, et on a dit qu'elle pouvoit faire sortir ensemble dix mille combatans par chacune de ses portes. Qu'il y ait si l'on veut de l'exageration dans ce nombre, *toûjours est-il* asseûré *que* son peuple estoit innombrable (1681, J.-B. Bossuet, *Discours sur l'histoire universelle*, Frantext)

Si la visée « téléologique » adoptée par l'étymologiste l'amène effectivement à reconnaître dans cette citation un emploi annonciateur du futur marqueur *toujours est-il que*, rien ne permet d'affirmer que le locuteur de la langue classique y voyait autre chose que la construction *toujours*5 (« quoi qu'il en soit par ailleurs ») + *être* + adjectif prédicatif *assuré* + *que*. L'inversion du sujet n'y a, du reste, aucun caractère marqué, *cf.* cette remarque de Féraud : « avec *toujours*, et quand il est placé devant le verbe, on met quelquefois le pronom nominatif après. <De quelque manière qu'on veuille le prendre, *toujours* faut-il nous rendre raison pourquoi, etc.>. Cette construction est tout au plus du style modéré » (Féraud 1787 *in* GAHLF). Un rapide sondage dans le corpus Frantext permet de corroborer la vitalité de ce type de construction durant les XVIIe et XVIIIe siècles[26].

---

24. Notre analyse est en accord avec celle que propose Spitzer (1912 : 721-722) pour it. *sempre* en emploi thématique.

25. *Cf.* Guimier 1996 : 112 (et note 7) « les adverbes assertifs discutent de la valeur de vérité de l'énoncé. Ils présentent le fait dénoté par l'énoncé comme appartenant au domaine du possible, du probable, du certain ».

26. *Toûjours est-il certain que* (1684 ; 1762 ; 1840), *toûjours est-il évident, que* (1684), *toujours est-il sûr que* (1686 ; 1762), *toujours est-il vrai que* (1755), mais aussi *toujours était-il certain que* (1863, Frantext), *toujours était-il clair que* (1780, Frantext) et *toujours sera-t-il certain que* (1770) ; enfin *toujours faut-il demeurer d'accord que* (1673), *toujours faudra-t-il que* (1781) ou *toujours puis-je vous assurer, que* (1713).

À notre connaissance, la première attestation de la locution typique du français contemporain[27] ne date que du milieu du XVIIIe siècle (Frantext [1755] ; Ø FEW ; Ø Ernst & Wolf 2005)[28] :

(24) Mais je veux que cette façon de faire vous réussisse en ce point ; *toujours est-il, que* vous êtes convenus de la nécessité de peupler et de fortifier les colonies (1755, H. de Mirabeau, *L'Ami des hommes*, Frantext)

Quant à l'origine du connecteur complexe, l'analyse des occurrences précédant sa fixation conduite ci-dessus nous amène à la situer dans l'emploi scalaire de *toujours*[29].

2.2.6. Toujours est-il que2 : emploi thématique

Une seconde facette de *toujours est-il que*, mise en évidence par M.-B. M. Hansen, est d'ordre thématique ; une définition possible serait « pour en revenir à ce qui a été dit tout à l'heure (marque le retour au thème principal) » (*cf.* Hansen 2004 : 49 ; Grieve 1996), ainsi dans [6], où le thème secondaire a été marqué par un soulignement :

[6] – Je viens de faire une curieuse rencontre, dis-je à ma demi-sœur, tout en lui servant un peu de rosé du Béarn. Vous rappelez-vous ce repas de noce ? – Oh oui ! Vous m'aviez d'ailleurs bien rendu service ! – C'était peu de chose… *Toujours est-il que* j'ai rencontré le jeune homme qui avait à payer le gage, vous vous souvenez ? (1965, R.-V. Pilhes, *La Rhubarbe*, Frantext)

Cet emploi de *toujours est-il que* est attesté peu de temps après la pragmaticalisation de *toujours est-il que*1 (Frantext ; Ø FEW ; Ø TLF) :

(25) [...] vous voudrez bien me faire, avec les plus longs [des cheveux envoyés], une tresse [suit un long développement, sous forme de dialogue fictif, sur la destinataire présumée de cette tresse] *Toujours est-il que* vous ferez ma tresse, s'il vous plaît, et [...] (1780, H. de Mirabeau, *Lettres* [...], Frantext)

Nous proposons d'analyser ce *toujours est-il que*2 comme issu d'une intersubjectification[30] de *toujours est-il que*1, la présence du co-énonciateur étant focalisée sur la digression représentée par le thème secondaire. On perçoit clairement, en effet, le cheminement qui mène du sens « n'empêche que (relativise de façon parenthétique la valeur de ce qui vient d'être énoncé) » à celui de « pour en revenir à ce qui a été dit tout à l'heure », lequel relativise de façon parenthétique non pas la valeur d'un énoncé, mais l'attention que le co-énonciateur est censé y porter.

---

27. En principe, le temps est figé, mais on relève les variantes *toujours était-il que* (1936 [L. Aragon], Frantext ; 1938 [P. Benoit], Le Bidois 1952 : 105) et *toujours fut-il que* (1928 [P. Benoit], Le Bidois 1952 : 105).

28. Quant à la première attestation sans virgule, Frantext l'attribue également à Mirabeau (1780).

29. Notre analyse ne rejoint donc pas, sur ce point, celle de M.-B. M. Hansen, qui affirme : « quant à *toujours est-il*, nous le poserons comme dérivé originellement du sens temporel [...] mais ayant subséquemment, au terme d'un processus de grammaticalisation, acquis un statut de lexème indépendant » (Hansen 2004 : 52).

30. « Intersubjectification, therefore, is a change which results in the development of meanings that explicitly reveal recipient design : the designing of utterances for an intended audience [...] at the discourse level » (Traugott & Dasher 2002 : 31).

2.3. Récapitulation

Le graphique suivant récapitule l'évolution des acceptions tant grammaticales que pragmatiques de *toujours* et *toujours est-il que* telle qu'elle se dégage de notre analyse.

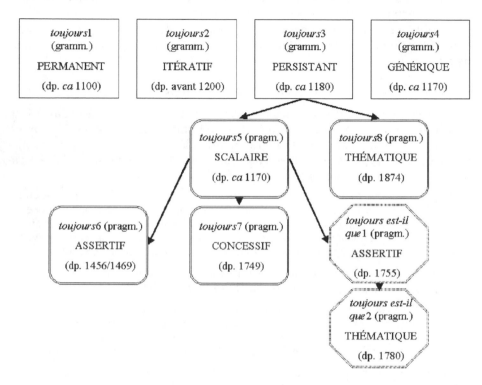

3. CONCLUSION

Au terme de cette étude, il convient de s'interroger sur les résultats qui s'en dégagent. Les apports concrets à la description de l'évolution de *toujours* sont nombreux, à commencer par les datations des différents emplois délimités : deux antédatations (de plus de quatre siècles pour *toujours*3, de 70 ans pour *toujours*6), une rétrodatation (de 70 ans pour *toujours est-il que*1), enfin une première tentative de datation de *toujours*2, *toujours*4, *toujours*8 et *toujours est-il que*2. Pour ce qui est de *toujours* concessif, nos dépouillements ont permis de combler une lacune descriptive d'ordre syntaxique. Le résultat le plus important concerne toutefois la mise en évidence de l'agencement historique interne des différentes valeurs discursives du morphème analysé. En effet, si la charge pragmatique du marqueur *toujours* était très bien décrite en synchronie, l'histoire de son passage de la sphère grammaticale à la sphère pragmatique était presque entièrement à écrire. Ce volet de notre travail met en particulier en évidence le rôle de pivot, pour la pragmaticalisation de *toujours*, de l'axe persistant-scalaire.

La conclusion qui s'en dégage au niveau méthodologique, c'est que l'étude historique des pragmatèmes, conduite avec les méthodes traditionnelles de la linguistique diachronique, donne des résultats clairs (*cf.* le graphique ci-dessus), et pour ainsi dire classiques, y compris pour ce qui est du décalage entre les scénarios reconstruits, toujours plus puissants, et la documentation, qui comporte forcément une part d'aléatoire. Par bonheur, cette part d'aléatoire a pu, en l'occurrence, être réduite à la portion congrue grâce à un va-et-vient particulièrement fructueux entre l'avancement de cette étude et l'élaboration de l'article *jor* du DEAF par Thomas Städtler, dont les dépouillements ciblés ont permis d'étayer la filiation postulée entre l'emploi persistant et l'emploi scalaire par la preuve de l'existence de *toujours*3 dès la période de l'ancien français.

Inversement, certains éléments de notre analyse nourrissent la description d'afr. *toz jors* dans le DEAF (s.v. *jor*). Des débouchés lexicographiques supplémentaires de notre travail se dessinent, car l'ensemble de ces résultats sera intégré, sous une forme qui s'inspirera des conclusions de G. Dostie (2004 : 183-192) concernant la place à accorder aux marqueurs discursifs dans les dictionnaires, dans la refonte de la notice étymologique et historique de l'article *toujours* du *Trésor de la langue française informatisé* préparée au laboratoire ATILF[31].

On ne saurait toutefois s'arrêter à l'approche purement sémasiologique retenue ici. En effet, la recherche que M.-B. M. Hansen (2005) consacre à l'histoire de *enfin* et *finalement* met en évidence l'étroite interdépendance de l'évolution des deux marqueurs discursifs, ce qui incite à penser qu'une étude contrastive de la diachronie de *toujours* avec celle de ses concurrents partiels[32] serait d'un grand intérêt. Cette recherche peut d'ores et déjà être amorcée par une comparaison rapide entre *toujours* et *déjà* (*cf.* Buchi à paraître)[33], qui fera apparaître le caractère beaucoup plus ancien du sens scalaire de *toujours* par rapport à celui de *déjà*.

Plus généralement, étant donné la pénurie de travaux sur les marqueurs pragmatiques adoptant le point de vue diachronique (*cf.* Hansen & Rossari 2005 : 181), nous espérons avoir apporté une contribution tant empirique que méthodologique susceptible de nourrir le débat sur la genèse des marqueurs du discours.

Bibliographie

AND = ROTHWELL, W., STONE, L. W. & REID, T. B. W. (1977-1992), *Anglo-Norman Dictionary*, Londres, The Modern Humanities Research Association.

BFM = ICAR/ENS-LSH/Équipe ICAR3 (1989-), *Base de Français Médiéval (BFM)*, base de données consultable sur Internet (<http://bfm.ens-lsh.fr>), Lyon.

---

31. *Cf.* http://www.atilf.fr/tlf-etym ; pour une présentation rapide de ce projet, *cf.* Buchi (2005).

32. *Cf.*, dans le domaine synchronique, Cadiot *et al.* 1985 (*toujours* face à *au moins*, *déjà* et *quand même*), Nguyen 1986a (*toujours est-il que* face à *mais*), Borillo 1988 (*toujours* face à *pendant* et *longtemps*), Fuchs 1988 (*toujours* face à *encore* et *déjà*), Franckel 1989 : 307-310 (*toujours* face à *déjà*), Muller 1999 (*toujours* face à *encore*), Hansen 2004 : 45-47 (*toujours* face à *déjà* et *encore*).

33. *Cf.* aussi ancien et moyen français ainsi que dialectes oïliques septentrionaux et orientaux *toudis* adv. « toujours » et secondairement « tout de même » (von Wartburg 1928 *in* FEW 3, 72a, DIES 1).

BORILLO, A. (1988), « *Pendant, longtemps, toujours…* », *in* : Blanche-Benveniste C., Chervel A. & Gross M. (éd.), *Grammaire et histoire de la grammaire. Hommage à la mémoire de Jean Stefanini*, Aix-en-Provence, Université de Provence, pp. 77-86.

BUCHI, É. (2000), « Approche diachronique du marqueur métadiscursif français *quoi* ("La pragmatisation d'un réévaluatif, *quoi*") », *in* : Englebert A. *et al.* (éd.), *Actes du XXII*e *Congrès International de Linguistique et de Philologie Romanes (Bruxelles, 23-29 juillet 1998)*, Tübingen, Niemeyer, vol. 7, pp. 81-91.

BUCHI, É. (2005), « Le projet TLF-Étym (projet de révision sélective des notices étymologiques du *Trésor de la langue française informatisé*) », *Estudis romànics*, 27, pp. 569-571.

BUCHI, É. (2006), « La langue des revues féminines parisiennes du milieu du XIXe siècle en tant que chaînon intermédiaire entre le russe et les parlers galloromans dialectaux (à propos du type *cazavec* n.m. "caraco") », *in* : Dahmen W. *et al.* (éd.), *Historische Pressesprache. Romanistisches Kolloquium XIX*, Tübingen, Narr, pp. 3-19.

BUCHI, É. (à paraître), « Approche diachronique de la (poly)pragmaticalisation de français *déjà* ("Quand le grammème est-il devenu pragmatème, *déjà* ?") », *in* : Trotter D. (éd.), *Actes du XXIV*e *Congrès International de Linguistique et de Philologie Romanes (Aberystwyth 1*er*-6 août 2004)*, Tübingen, Niemeyer.

BURIDANT, C. (2000), *Grammaire nouvelle de l'ancien français*, Paris, SEDES.

CADIOT, A., DUCROT, O., NGUYEN, Th.-B. & VICHER, A. (1985), « Sous un mot, une controverse : les emplois pragmatiques de "toujours" », *Modèles linguistiques*, 7, pp. 105-124.

CONSTANS, L. (éd.) (1904-1912), *Le Roman de Troie par Benoît de Sainte-Maure*, vol. 6, Paris, Didot.

DAMOURETTE, J. & PICHON, É. (1911-1940), *Des mots à la pensée. Essai de Grammaire de la Langue Française*, 7 vol., Paris, d'Artrey.

DDL = QUEMADA, B. (dir.) (1970-1998), *Datations et documents lexicographiques. Matériaux pour l'histoire du vocabulaire français*, vol. 48, Paris, Klincksieck [consultable sous <http://atilf.atilf.fr/jykervei/ddl.htm>].

DEAF = BALDINGER, K. (dir.) (1971-), *Dictionnaire étymologique de l'ancien français*, Québec / Tübingen / Paris, Université de Laval / Niemeyer / Klincksieck.

DILLER, G. T. (éd.) (1972), *Froissart, Chroniques : début du premier livre*, Genève, Droz.

DMF2 = ATILF / Équipe « Moyen français et français préclassique » (à paraître), *Dictionnaire du Moyen Français (DMF) (1330-1500). Seconde version : DMF2, suivi de la Base Lexicale de Français Préclassique (BLFP) (1500-1600)*, cédérom, Paris, CNRS Éditions [DMF1 est consultable sous <http://www.atilf.fr/blmf>].

DOSTIE, G. (2004), *Pragmaticalisation et marqueurs discursifs. Analyse sémantique et traitement lexicographique*, Bruxelles, De Boeck/Duculot.

DUCROT, O., NGUYEN, Th.-B. & VICHER, A. (1986), « Les emplois pragmatiques de *toujours* (suite) : le cas des conclusions assertives », *Modèles linguistiques*, 8, pp. 115-122.

DUFOURNET, J. (éd. et trad.) (1986), *La Farce de maître Pierre Pathelin*, Paris, Flammarion.

ERNST, G. & WOLF, B. (2005), *Textes français privés des XVII*e *et XVIII*e *siècles* (cédérom), Tübingen, Niemeyer.

FEW = WARTBURG, W. von. (1922-2002), *Französisches Etymologisches Wörterbuch. Eine darstellung des galloromanischen sprachschatzes*, 25 vol., Bonn / Berlin / Bâle, Klopp / Teubner / Zbinden.

GRIEVE, J. (1996), *Dictionary of Contemporary French Connectors*, Londres / New York, Routledge.

FOERSTER, W. (éd.) (1877), *Li chevaliers as deus espees, Altfranzösischer Abenteuerroman*, Halle, Niemeyer.

FRANCKEL, J.-J. (1989), *Étude de quelques marqueurs aspectuels du français*, Genève / Paris, Droz.

Frantext = ATILF. (2002-), *Outil de consultation de ressources informatisées sur la langue française* « *Frantext* » (site Internet : <http://www.frantext.fr>), Nancy.

FUCHS, C. (1988), « *Encore, déjà, toujours* : de l'aspect à la modalité », *in* : Tersis N. & Kihm A. (éd.), *Temps et aspects (Actes du Colloque CNRS, Paris, 24-25 octobre 1985)*, Paris, Peeters / SELAF, pp. 135-148.

GAHLF (2002), = *Le grand atelier historique de la langue française. L'histoire des mots du haut moyen âge au XIXe siècle. 14 grands dictionnaires de la langue française* (cédérom), Marsanne, Redon.

Gdf = GODEFROY, F. (1881-1895), *Dictionnaire de l'ancienne langue française et de tous ses dialectes du IXe au XVe siècle*, vol. 8, Paris, Vieweg.

GdfC = GODEFROY, F. (1895-1902), *Complément au Dictionnaire de l'ancienne langue française et de tous ses dialectes du IXe au XVe siècle*, vol. 3, Paris, Bouillon.

GUIMIER, C. (1996), *Les Adverbes du français : le cas des adverbes en -ment*, Paris, Ophrys.

HANSEN, M.-B. M. (2004), « La polysémie de l'adverbe *toujours* », *Travaux de linguistique*, 49, pp. 39-55.

HANSEN, M.-B. M. (2005), « A comparative study of the semantics and pragmatics of *enfin* and *finalement*, in synchrony and diachrony », *Journal of French Language Studies*, 15, pp. 153-171.

HANSEN, M.-B. M. & ROSSARI, C. (2005), « The evolution of pragmatic markers. Introduction », *Journal of Historical Pragmatics*, 6, pp. 177-187.

HOSCH, S. (1895-1897), *Französische Flickwörter. Ein Beitrag zur französischen Lexikographie*, 3 vol., Berlin, Gaertner.

KOCH, P. & OESTERREICHER, W. (1990), *Gesprochene Sprache in der Romania : Französisch, Italienisch, Spanisch*, Tübingen, Niemeyer.

LE BIDOIS, R. (1952), *L'inversion du sujet dans la prose contemporaine (1900-1950) étudiée plus spécialement dans l'œuvre de Marcel Proust*, Paris, d'Artrey.

LITTRÉ = LITTRÉ, É. (1873-1883), *Dictionnaire de la langue française*, vol. 5, Paris, Hachette.

MARTIN, R. (1987), *Langage et croyance. Les « univers de croyance » dans la théorie sémantique*, Bruxelles, Mardaga.

MÉTRICH, R., FAUCHER, E. & COURDIER, G. (1992-2001), *Les Invariables difficiles. Dictionnaire allemand-français des particules, connecteurs, interjections et autres « mots de la communication »*, vol. 4, Nancy, Association des Nouveaux cahiers d'allemand.

MICHA, A. (trad.) (1992), *Jean Renart, L'escoufle. Roman d'aventures*, Paris, Champion.

MOESCHLER, J. & REBOUL, A. (1994), *Dictionnaire encyclopédique de pragmatique*, Paris, Seuil.

MULLER, C. (1999), « Encore et toujours les modifieurs aspectuels : de *encore* à *toujours* », in : Plénat M. et al. (éd.), *L'Emprise du sens. Structures linguistiques et interprétations. Mélanges de syntaxe et de sémantique offerts à Andrée Borillo par un groupe d'amis, de collègues et de disciples*, Amsterdam, Rodopi, pp. 217-237.

NEMO, Fr. (2000), « *Enfin, encore, toujours* entre indexicalité et emplois », in : Englebert A. et al. (éd.), *Actes du XXIIe Congrès International de Linguistique et de Philologie Romanes (Bruxelles, 23-29 juillet 1998)*, Tübingen, Niemeyer, vol. 7, pp. 499-511.

NGUYEN, Th.-B. (1986a), « *Toujours* est-il », *Revue romane*, 21, pp. 192-207.

NGUYEN, Th.-B. (1986b), « À propos des emplois pragmatiques de *toujours* », *Modèles linguistiques*, 8, pp. 123-139.

NGUYEN, Th.-B. (1988), « *Toujours* en position finale : emploi pragmatique particulier », *Revue romane*, 23, pp. 36-46.

NØLKE, H. (2006), « Petite étude diachronique de *or*. De la déixis temporelle à la déixis textuelle », in : Nølke, H. et al. (éd.), *Grammatica. Festschrift in honour of Michael Herslund*, Berne etc., Lang, pp. 393-404.

NOOMEN, W. & VAN DEN BOOGAARD, N. (1983-1998), *Nouveau recueil complet des fabliaux (NRCF)*, vol. 10, Assen, Van Gorcum.

PERRET, M. (dir.) (1995), *Linguistique de l'énonciation. Approche diachronique (LINX, 32)*.

POIRION, D. (éd.) (1994), *Chrétien de Troyes. Œuvres complètes*, Paris, Pléiade.

POPE, M. K. (1955-1964), *The Romance of Horn by Thomas*, 2 vol., Oxford, Blackwell.

SEGRE, C. (éd.) (1989), *La Chanson de Roland*, vol. 1, Genève, Droz.

SHORT, I. (éd.) (1984), *Philippe de Thaon, Comput*, Londres, Anglo-Norman Text Society.

SPITZER, L. (1912), « Vermischtes. I. Zur Syntax », *Zeitschrift für romanische Philologie*, 36, pp. 717-723.

SWEETSER, Fr. (éd.) (1974), *L'Escoufle : roman d'aventure*, Genève, Droz.

TL = TOBLER, A., LOMMATZSCH, E. & CHRISTMANN, H. H. (1925-2002), *Altfranzösisches Wörterbuch*, 11 vol., Berlin / Wiesbaden / Stuttgart, Weidmann / Steiner.

TLF = IMBS P. & QUEMADA B. (dir.) (1971-1994), *Trésor de la langue française. Dictionnaire de la langue du XIXe et du XXe siècle (1789-1960)*, vol. 16, Paris, Gallimard.

TRAUGOTT, E. C. & DASHER, R. B. (2002), *Regularity in semantic change*, Cambridge, Cambridge University Press.

VASÉ, J.-J. (1879 [1749]), *Lettres de la Grenouillère, entre M. Jérosme du Bois, pêcheur du Gros-Caillou, et Mlle Nanette Dubut, blanchisseuse de linge fin*, in : *Poésies et lettres facétieuses de Joseph Vadé*, Paris, A. Quantin, pp. 97-135.

ABSTRACTS

Hanne Leth Andersen : *« Marqueurs discursifs proportionnels »*

This article deals with a group of discourse markers that resemble sentences containing a finite verb, from a formal point of view, but that function as discourse markers which are invariable in form and which cannot govern other sentence elements. A distinction can be made between two different groups of such sentential DMs, characterized respectively by the first person singular (*je pense, je crois, je trouve*) and the second person singular or plural (*tu sais/vous savez, tu vois/vous voyez*). Imperative constructions can be added to form a further group of such items.

The aim is to show that these expressions have undergone a grammaticalization from free verbs to discourse markers, that they have lost their ability to be governing verbs ("verbes recteurs"), and that this can be seen in the following traits : morphological invariability, optionality, free position, no propositional contribution to the utterance, and subjective meaning. Their function becomes that of a phrasal adverb. Semantically, the functions of the governing verb and the discourse marker are not totally different, but the basic meaning of the governing verb is modified or weakened in the discourse marker function. Sentential discourse markers have a phatic function in oral interactions and provide structure at a syntactic and thematic as well as at a discourse level.

The first group is not fully grammaticalized as a discourse marker in conventional (written) French, since it is unacceptable in the first position where the use of the complementizer *que* is obligatory, even though the structure without *que* can be found in Middle French. In the written mode it is thus not possible to distinguish between a governing verb and a parenthetical use of the verb. A third group might be added since it is possible to discuss the dependency relation between quotation verbs, traditionally analysed as governing verbs, and quotes.

Claus D. Pusch : *« Faut dire : variation et sens d'un marqueur parenthétique entre connectivité et (inter) subjectivité »*

This article aims to contribute to the study of discourse markers (DMs) which arise out of structures which are syntactically (pseudo-)subordinated; such markers are also known as "parentheticals" or "propositional discourse markers". A working corpus of examples was built up on the basis of a thorough examination of several corpora of spoken French (mainly European varieties). First of all, the morpho-syntactic variation of the expression *(il) faut dire (que)* is analyzed, specifically in terms of the presence or absence of the neutral subject pronoun *il* and the complementizer *que*, and of the positional variability of *(il) faut dire (que)* with regard to the complement clause that it is supposed to govern. Then, the question is raised whether *(il) faut dire (que)* actually functions as a DM or if it is more akin to a textual connective, comparable in this to the expression *je dois dire que* studied by Kronning (1988). This part of the analysis leads to the conclusion that, although *(il) faut dire (que)* may occur in contexts permitting a connective reading, in most of the attested oral examples it works indeed as a real DM with an interlocutive value involving explicativity and subjectivity.

Gaétane Dostie : *« La reduplication pragmatique des marqueurs discursifs. De là à là là »*

Although several studies have described the use of discourse markers (DMs) from a syntagmatic point of view, the possible reduplication of some DMs has never been studied in detail (ex. in French : *bon bon, tiens tiens, voyons voyons, là là, bien bien* and in English, *OK OK, all right all right*…). The present article has two aims. First, it seeks to analyze the role of the pragmatic reduplication (PR) of the *là* marker in Quebec French. It then aims to discover whether the PR of DMs is similar to the PR of other grammatical classes, such as that of adjectives, where the reduplication is generally considered to be an intensification process. The working hypothesis is that, if "intensification" is defined as a semantic category equivalent to "very X" or "really X", the notion of "intensification" is not adequate to describe the PR of DMs. Intensification is only possible with words on a scale and DMs are not scalar. This being the case, it is proposed that the PR of DM is essentially related to the speaker's commitment to his message and that the use of a reduplication device allows him to add an emphatic modal quality to the performance of an illocutionary act.

Gisèle Chevalier : *« Les marqueurs discursifs réactifs dans une variété de français en contact intense avec l'anglais »*

The English discourse markers – *but, so, well, because* – have been incorporated into a variety of Acadian French which has developed in southeastern New-Brunswick (Canada) in close contact with English. This paper attempts to explain what has motivated the borrowing of these particular markers into the current system, as opposed to the failure to borrow *and* and *or*, or even the markers of opposition and consequence, *still* and *then*, which are almost synonymous with *but* and *so*. There is a strong body of evidence showing that the markers *so* and *but* have largely evicted their homologues in standard French (*mais* and *alors* or *ça fait que* in regional French), while *ben (bien)* and *parce que* have maintained their place in the system. The argumentative value of the markers within an utterance and their intersubjective value in turn-taking are borne out by our data, although a few potential counter examples remain to be investigated.

Kate Beeching : *« La co-variation des marqueurs discursifs bon, c'est-à-dire, enfin, hein, quand même, quoi post-rhématique et si vous voulez : une question d'identité ? »*

This article takes a sociolinguistic approach to the study of the co-variation of a set of frequently occurring markers in three corpora of spoken French, dated 1968, 1988 and 2002. A Factor Analysis yields three Factors, labelled "Normal/Deferent", "Modern/Camaraderie" and "Tradition/Formality". The most recent corpus, and in particular its youngest speakers, have higher rates of "Modern/Camaraderie" and lower rates of "Tradition/Formality". The Factor "Modern/Camaraderie", interestingly, combines diachronic developments of two sorts, however ; the spread of the sociolinguistically stigmatised *quoi* and the more intralinguistically-motivated spread of *bon*. The gradual pragmaticalisation of the latter allows it to be used in a greater number of contexts and thus increase in frequency. Frequency rates of these Factors correlate to a greater extent with the generation of the speaker than with educational background, sex or age per se. This suggests not only that modes of politeness are shifting but that speakers identify more closely with their own generation than with those of a similar educational background.

Richard Waltereit : *« À propos de la genèse diachroniquedes combinaisons de marqueurs. L'exemple de bon ben et enfin bref »*

This article analyzes the diachronic rise of complex discourse markers, that is, markers consisting of more than one word. First, a taxonomy of four types of complex markers is proposed. Two of these types lend themselves to a specific diachronic analysis. Second, two complex French markers are analyzed in detail : *bon ben* and *enfin bref*. The diachronic rise of these two markers confirm the hypothesis that complex markers arise in a process of "over-use" of a given sequence of source words. These sequences are over-used in response to a functional need for these particular combinations of words in structuring discourse and interactions, regardless of whether the combinations of words are syntactic phrases or just a series of adjacent markers in discourse.

Éva Buchi : *« Sur la trace de la pragmaticalisation de l'adverbe toujours ("Voyons toujours l'apport de la linguistique historique") »*

Based on evidence presented by a number of authors since the 1980s concerning various pragmatic uses of contemporary French *toujours* (*c'est toujours ça* ; *tu peux toujours essayer ; toujours est-il que* ; etc.), this paper draws up an inventory of the individual (grammatical and pragmatic) meanings of this adverb and retraces their internal history. The author has tracked down the appearance of the different usages of *toujours* in a meta-corpus including various dictionaries and data-bases as well as personal readings. The study leads to a historical reconstruction of the different pragmatic meanings of *toujours* over time, the aim being to distinguish between usages coined directly on the temporal adverb from those originating from already pragmatic ones.